Magister Paulus Niavis

Epistole breues
Epistole mediocres
Epistole longiores

Magister Paulus Niavis

Epistole breues
Epistole mediocres
Epistole longiores

EDITED BY RAND H. JOHNSON

MEDIEVAL INSTITUTE PUBLICATIONS, 1995
WESTERN MICHIGAN UNIVERSITY
KALAMAZOO, MICHIGAN

©1995 by the Board of The Medieval Institute
Printed in the United States of America
Cover design by Linda K. Judy
ISBN 1-879288-51-6

Library of Congress Cataloging-in-Publication Data

Niavis, Paulus, 1460-1514.
[Correspondence]
Epistole breves, Epistole mediocres, Epistole longiores / Magister Paulus Niavis ; edited by Rand H. Johnson.
p. cm.
Introd. in English, letters in Latin.
Includes bibliographical references and indexes.
ISBN 1-879288-51-6 (casebound : alk. paper)
1. Niavis, Paulus, 1460-1514--Correspondence. 2. Authors, Latin (Medieval and modern)--Germany--Correspondence. 3. Humanists--Germany--Correspondence. 4. Germany--Intellectual life. 5. Renaissance--Germany. I. Johnson, Rand. II. Title.
PA8555.N565A4 1995
001.3'092--dc20
[B] 95-35849
CIP

Linae
uxori et amicae

CONTENTS

FOREWORD

While the leading figures of the Renaissance have long received much scholarly attention, the schoolmasters who laid the foundation of their training are just beginning to come into the light. Their published work, which often appeared in numerous printings to meet the demands of hundreds, even thousands, of students, has received little attention. (Perhaps images of Grammatica, ferule in hand, continue to haunt the subconscious of contemporary scholars.) Much of this work, one must admit, because of its dry expression and narrow scope, deserves little attention. Some, however, presents a far more vivid picture of the people of the schools and universities and of the ways in which they worked, adding vital knowledge to our understanding of the dynamics of Renaissance humanism.

During the last two decades of the fifteenth century Paulus Niavis wrote Latin dialogues and letters in the desire to equip students with a sufficient and elegant means of expressing themselves on many aspects of their experiences at the university. In the letters he described the controversies between supporters of scholastic and humanistic programs of study, the selection of authors, the new role of patristic literature, etc. A jealous guardian of his students' time, Niavis discussed the distractions that might interrupt the routines of study and, in some cases, bring an academic career altogether to an end. These include polyphonic music, entering clerical orders, marriage, drunkenness, and street-fighting. To meet the professional needs of students, many of whom would assume positions as clerks in civil bureaucracies, the letters provide descriptions of local and international events of the recent past. For the modern reader the letters witness life and thought at a critical stage of early modern

German history.

For his help from the beginning of my work on Niavis, I am happy to acknowledge Bengt Löfstedt. He initially drew my attention to Niavis; he proofread the edition as doctoral advisor at UCLA; and his emendations, which are noted in the apparatus, have improved the text in many places.

For generous technical help in preparing the manuscript for the press I thank Dr. Thomas H. Seiler and Ms. Juleen Eichinger.

I am also grateful for the support of grants from the Faculty Research and Creative Activities Support Fund of Western Michigan University, which made possible the trips to Munich and Prague.

INTRODUCTION

The letters of the late fifteenth-century German schoolmaster Paulus Niavis reflect life and thought in one of the most critical stages of modern German history. It was the eve of both the full flowering of German humanism and the Protestant reformation. The career of Niavis spanned an era of radical curriculum reform in the arts faculties at schools and universities, where the centuries-old program of scholasticism was being replaced by a program based on the Italian *studia humanitatis*. Niavis came to embrace the new program energetically. His letters, written after his academic conversion, are a testimony of the blending of Italian and German elements in the cultural phenomenon of German humanism. But Niavis was a forerunner or a pioneer in his native Saxony,[1] not a figure of the stature of an Erasmus, even of a Melanchthon or of an Ulrich von Hütten. While his writings express praise and admiration of classical latinity, they also reveal elements from late antique, medieval, and scholastic sources. This introduction presents linguistic and historical background for the letters of Niavis, in order to shed light on his contribution to the diffusion of humanistic ideals in Saxony on the eve of the German Renaissance.

Life and Education

The first precise date in the life of Paulus Niavis appears in connection with his enrollment at the University of Ingolstadt on April 19, 1475, when he began his study for the baccalaureate. The date suggests a birthdate of not later than about 1460. He probably received his elementary instruction in Plauen, to judge from the appearance of the names Andreas Hübner and Johannes

Brüngasser, both teachers in Plauen whom he mentioned in dedications and prefaces to his works. In the preface to his edition of Cicero's *Pro Marcello*, Niavis mentioned his intolerance of Brüngasser's lectures on the scholastic works of Petrus Helias and Eberhard of Bethune, and his preference for lectures on Cicero, Quintilian, and Sallust. Niavis singles out Heinrich Dessau with particular recognition for introducing him to the *studia humanitatis*, and credited Dessau with instilling in him the love of eloquence (*Epistole longiores* 200.8ff).[2]

Niavis's name next appears on the registration list for the summer term of 1479 at the Hochschule in Leipzig, and in 1481 he was awarded the M.A. His exams were also an occasion for noting the new climate in education. He mentioned that, when he came to his exams, he was more optimistic about the reception of his humanistic training, while earlier he had been despised by followers of the scholastic philosophy of John Duns Scotus (*EM* 139.8ff).

During the 80s Niavis spent a summer as rector of a school in Halle but was compelled to leave under a combination of adverse circumstances, e.g., debt, illness, and an outbreak of plague. Halle and its people are mentioned several times throughout the letters, always with disdain or contempt (*EB* 42–43; *EM* 136.5ff; 146.15ff; *EL* 231.20ff). Niavis returned to Leipzig in 1488, but not to join the arts faculty of the university. It is possible that he taught students independently. In 1490 he began a seven-year term as city clerk in Zittau, and in 1497 he became chief clerk in Bautzen, where the last mention of his name appears in the city register of 1514. His entry into the civil service was a natural direction for someone with his linguistic and epistolary skills, since it was one of the chief professional goals of students working toward the baccalaureate.

Studia Humanitatis

> *Palam est atque in promptu perfectam locutionem eorum esse finem . . . .*
>
> —Preface, *EB* 3.17–18

Niavis compiled his three letter collections with a pedagogical aim: to provide pupils with a model of correct Latin worthy of their imitation. The pursuit of Latin eloquence was the central goal of the new educational program known as the *studia humanitatis*. The early humanists had instituted this new program to train teachers for the arts faculties and clerks for the various levels of civic administration. Replacing the medieval *trivium* and *quadrivium*—the seven liberal arts—the *studia humanitatis* emerged in a form that is reflected in modern humanities curricula today. The subjects consisted of grammar, rhetoric, history, poetry, and moral philosophy. While grammar and rhetoric were carried over from the trivium, the emphasis on eloquence led to their major reformulation in the *studia humanitatis*, especially with respect to grammar.[3]

Many schools and universities of the fifteenth century, particularly in the north, taught grammar based on textbooks developed during the rise of scholasticism in the twelfth and thirteenth centuries. The *Doctrinale* of Alexander of Villadei and the works of Eberhard of Bethune, some of the leading textbooks developed at this time, gave prominence to the philosophical basis of grammar, to the correspondence of language to reality. The close and sometimes obscure reasoning in these works gave rise to commentaries, often much longer than the texts themselves. The *Glosa notabilis* by Gerhard of Zütphen, perhaps the most popular commentary on the *Doctrinale* written in Germany at the end of the fifteenth century, occupied several hundred pages. Despite its numerous definitions and philosophical observations the work drew no examples from literature. The *Doctrinale* was given a renewed life in the last decade of the fifteenth century by two masters working among the Brethren of the Common Life in Deventer, Alexander Hegius, an instructor of the young Erasmus of Rotterdam, and Johannes Synthen. The two masters composed a commentary on the *Doctrinale* that made the literary tradition, and not speculative philosophy, the standard of correct Latin. In 1480 Hegius wrote an essay, *Contra modos significandi invectiva*, in which he criticized the instruction of grammar based on definitions (*modi significandi*). Hegius and other opponents of scholastic grammar attacked the *modistae* on pedagogical grounds. The *Doctrinale* and works of its kind, they argued, corrupted good Latin. Grammatical rules were to be based on classical usage.

At about the same time, Niavis was writing similar attacks on the modistic grammars in his letters and for the same reasons: eloquence was to be attained not through the study of grammarbooks but, rather, through the texts of the best authors. Speaking of his own early education, Niavis remarks with sarcasm:

> Let us now consider the books I studied, the codices I pored over, when I began to learn to speak Latin. There were the *Composita verborum*, the *Verba deponentalia*, *Eberhardus*, *Modi significandi*—many books which turned out pupils more stupid than when they began. No one mentioned Cicero to me, no one mentioned Quintilian, nor Terence. Now I see clearly that the former are so polished that eloquence shines from them as the light from coal pits. If anyone should hear them speak, he would more likely hear pigs champing.[4]

The criticism continues, in the same letter, with mention of specific shortcomings of the language of students of scholastic grammars:

> If they spew forth at all, they distend their lips, seize jarring metaphors, and attain a dry and lifeless kind of oratory.[5]

These last lines come from the *Rhetorica ad Herennium* (which Niavis calls by its medieval designation: *Rhetorica noua*), where the author cautions his readers about straying from the middle style of speech into the *genus exile*. This style, characterized by a lack of forcefulness and energy, was, for Niavis, analogous to the style of those who have been reared on the scholastic grammars, especially since, now, strength of style is determined by adherence to classical models. Typical of other humanists, Niavis made no attempt to criticize scholastic grammar on its own terms. The humanists generally were unconcerned with the philosophical nature of the relationship between language and reality, but chiefly valued clear and vigorous expression.

Humanistic fondness for classical authors often drew criticism from religious figures who charged that they followed pagan authors to the exclusion of Christian ones. In a letter defending his life as a Catholic layman in the face of criticism that he did not enter religious orders (*EL* 206.7ff), Niavis turns on religious orders for their anti-intellectualism, which he characterizes as hostile to pagan learning. He brings up the reading of sermons during mealtimes, which, he says, fosters devotion while neglecting the intellect. He admits that the sermons of Augustine are profitable reading, but charges that they are read to the exclusion of his other works (he cites *De trinitate* and *De ciuitate Dei*), which lie neglected on library shelves. Contemporary clerics, he continues, lack the classical learning necessary to understand these works. With Augustine, Niavis lists Jerome, Lactantius, Ambrose, Gregory, Basil, Hilary, John Chrysostom, and Cyprian, whom he calls the *columne ecclesie*, and yet, in addition to their theological soundness, as he points out, all are familiar with pagan learning. In fact, he recommends these Christian classics to students who are pursuing eloquence. These authors, previously important for the study of theology, came to acquire a new usefulness in the curriculum of the arts faculty, where they were included with the pagan classics.

Niavis followed humanistic practice by recognizing that contemporary eloquence owed a debt to writers of his own century as well. In this regard his list includes Aeneas Silvius Piccolomini (Pope Pius II), Lorenzo Valla, and Francesco Filelfo.[6] Discussing the relative merits of ancient and modern writers he says that ancient Latin is the authoritative source of the language and the ultimate arbiter in questions of usage, and that the modern authors defer to the ancients in matters of *elegancia*. Modern writers, however, are more useful for *locutio extemporalis* and *quottidiana*, the Latin of the examination room as well as the mensa. Indeed, as Niavis acknowledges in his preface to the *Epistole breues*, while there are plenty of copies of Cicero's letters in circulation, their usefulness is limited by their antiquity:

> . . . yet almost all the letters of ancient men concern very old matters, of which some are not just remote from current use, but have even died out altogether, or changed into something else.[7]

Elsewhere in the letters he expresses what he believes to be general bewilderment about ancient technical terms that appear in discussions on seamanship and warfare:

> . . . [people of our day] do not discuss those activities which are carried out at sea, they do not discuss wars of the gentiles, in which there were many tactics and machines for beseiging cities, which have all been altered and changed, so that, if we should hear these words, almost no one would know when the thing itself disappeared from use.[8]

Niavis quoted or paraphrased several passages from Valla's *Eleganciarum libri* (*EM* praef., *EL* 185.5–6; 187.2–3, 8–11, 28–29; 201.15–17) without attributing them to their author. Most often he paraphrased Valla, retaining a few key words, but sometimes he included an entire line. Niavis was as interested in the well-turned phrase or maxim as in the main argument of a work. He borrowed precepts and images, and expressions of reverence and sarcasm. He described his method of using an author's work to a correspondent, who was surprised that he had read so quickly Boccaccio's *De casibus virorum illustrium* and *De mulieribus claris*:

> I not only read the book itself, but I also made a compilation from certain stories and from parts of them, and I transcribed the more elegant ones.[9]

Imitatio

> *Principium autem et origo in Tullio est.*
>
> —*EL* 188.3

> *Turpe etiam illud est esse contentum id consequi quod imiteris.*
>
> —Quintilian, as quoted in *EM* 127.13–14

In the fifteenth-century debates concerning model authors of Latin prose—the Ciceronians and the less restrictive—Niavis followed those who urged a judicious use of a variety of authors. Niavis regarded Cicero as the foremost model of prose style, but not an exclusive model. He referred to Cicero more than to any other writer in the letters (twenty-four times; Quintilian, the next most frequent, occurs nine times) and speaks of him in superlative terms (*pater eloquencie*, *EL* 186.4); and he says that the name of Cicero is synonymous with *eloquentia*. He also mentions Terence,

Quintilian, Vergil, Sallust, Pliny, Livy, Ovid, Persius, Juvenal, and Boethius as worthy of *imitatio*.

Ciceronian allusions and verbal reminiscences can be found throughout the letters. Niavis refers by name to the *De amicicia*, *De origine animorum*, *De prouidencia*, *De republica*, and *De uirtute*. He singles out the *De oratore* as a work he could only appreciate after he had attained a more mature understanding of Latin. His esteem for Cicero's treatment of moral philosophy in the *De officiis* is overshadowed by his admiration for his elegant style:

> But what shall I say about Cicero's *De officiis*? It excells the books of nearly all philosophers which expound moral philosophy. There you will find not only the teachings of philosophy, but also the style of an exceptionally learned author and orator.[10]

For instruction in rhetoric, Niavis recommended the two volumes, *Rhetorica uetus* and *noua*, or the *De inuentione* of Cicero and the *Rhetorica ad Herennium*. The attribution of the latter work to Cicero, unquestioned throughout the Middle Ages, was cast into doubt by the studies of Valla. Niavis, however, still regarded the work as authentically Ciceronian.

The discovery of Cicero's letters played an important role in the history of humanist epistolography.[11] Niavis had to come to terms with the popularity of the letters as models of epistolography when he defended the publication of his *Epistole breues* (see the preface to the *EB*). The letters were also an authority in matters of epistolary usage; Niavis abandons the plural when addressing an individual correspondent, breaking with a medieval practice that had begun in the late empire, and argues that Cicero's letters are the precedent for this practice. The occurrence of citations from *De oratore* and references to the letters reflects the broader textual basis of Cicero which the humanists enjoyed.

Niavis follows Quintilian's distinction between the slavish and appropriate forms of imitation. From the tenth book of the *Institutio oratoria* he cites several sentences on the inadequacy of strict imitation:

> . . . imitation by itself is not enough; it is the mark of a lazy mind to be satisfied with what has been developed by others. Also, if one thing is like another, it must be less than it, as the shadow is less than the body, and the portrait than the face. On the other hand, all imitation is fictional and is suited to another purpose.[12]

He first mentions this idea in the preface to the *EM*, immediately following an invitation to follow the stylistic example of his own letters, to caution students against too close adherence to his model. In later letters in the *EM* Niavis cites these and other related sentences from the same section of Quintilian's *Book Ten* to make the case that, while art requires imitation, imitation alone is not sufficient to artistic achievement.

Current Events

Despite the abundance of ancient and, by his own admission, superior models of Latin style, Niavis claimed that the need for prose dealing with current issues compelled him to collect and publish his own letters. He made frequent reference to local and international affairs, including the threat of Matthias I, King of Hungary, against the eastern borders of the empire of Frederick III; the Utraquist controversy in Prague; the struggles of Pope Innocent VIII with King Ferdinand of Naples; the death of Charles the Bold; the murder of Louis de Bourbon, Bishop of Liège; and the threat to Christendom of Mohammed II. The events span little more than a decade, from 1477 to 1488. A brief sketch of these issues follows.

Throughout his reign Matthias I Corvinus, King of Hungary (1458–90), was engaged in a continual struggle with dynastic claimants to the Hungarian throne, chief among whom was his uncle, the emperor Frederick III. With the support of the emperor's German and Austrian enemies Matthias took Vienna (1485) and other Hapsburg lands, which he held until his death.[13] Niavis mentions the taking of Vienna (1485) and Neustadt (1487; *EB* 8, 9) and also the attack on John, Duke of Sagan (May 1488; *EB* 6; 9), the defeat of Groß Glogau and advances against John, Margrave of Brandenburg, and the dukes of Saxony after introducing Ottoman Turks (Sarraceni) into Lusatia (*EB* 10). Niavis also refers to the efforts of Albert, Duke of Saxony, to recapture the city of Neustadt (*EB* 91).

Niavis's antipathy toward the Hungarians shifted to sympathy when they became victims of Turkish advances into Hungary and of raids into Silesia and Austria (*EB* 35, 44).[14] The differences between the Hungarians and the Germans were less significant than those between Christians and the invading *infidelium gens* (*EB* 35.2). Fear of the Ottoman threat in Southeastern Europe was reflected in the rumor, reported to have arisen among certain theologians, that Mohammed II was the prophesied Antichrist (*EB* 55.1ff.).

From France and the Low Countries stories circulated about the death of Charles the Bold and the massacre of the citizens of Liège. Charles was reported to have died at the hands of the Swiss army in the battle near Nancy, January 5, 1477, following his failed effort to establish a Burgundian kingdom independent of the French crown.[15] Niavis included a letter of inquiry about a rumor spread by unnamed merchants that the duke of Burgundy was still alive (*EB* 37). In reply the respondent wrote that the knowledge of Charles's death in battle was well established, and concluded sarcastically, "And I am not so naive as to believe a few merchants" (*Neque tam credulus sum ut paucis mercatoribus credam*) (*EB* 37.13–14).

Among more recent events is the murder of Louis de Bourbon, Bishop of the ecclesiastical principality of Liège (1482; EB 19).[16] The incident is presented as a reflection of the citizens' defiance, since they had rebelled against the bishop's authority on previous occasions, one of which precipitated the massacre referred to (1468).[17] In fact, the townsmen, organized in guilds, had shared in the rule of the city for centuries, and the appointment in 1456 of Louis de Bourbon by his uncle, Philip, Duke of Burgundy was viewed as a step toward the eventual annexation of Liège into the Duchy. Niavis gives no indication of motive for the murder, but simply refers to their action as a return to their *pristinus error*, the rebellion. Moreover, in Niavis's view the sanctity of the episcopal office heightened an already grave crime.

An exchange of letters (*EB* 67–68) intended to discourage the pursuit of a career at the papal curia refers to disputes between Pope Innocent VIII (1484-92) and Ferdinand I, King of Naples (1458–94). Despite provisions in the will of Alfonse V of Aragon to hand over southern Italy and the crown of Naples to his illegitimate son Ferdinand, a struggle arose over Ferdinand's accession. The papacy refused to recognize the rights of a bastard son. Innocent VIII maintained hostilities with Ferdinand and formed an alliance with rebellious barons in the kingdom of Naples. From the autumn of 1485 until the forming of a treaty in August 1486 the papacy and the kingdom of Naples were at war, a war that brought Venice and Genoa to the side of the papacy, and Milan and Florence to the side of Naples. Niavis refers to Ferdinand leading an *ingens exercitus* against the pope with such consequences that the pope was unable to leave the city, and, to make matters worse, the citizens of Rome rejected his leadership. Under these circumstances the letters discourage ambitious students from going to Rome to seek a benefice at the curia.

THE LANGUAGE OF THE *EPISTOLE*

Orthography

The study of Latin in the era of early printed books is complicated by the problem of the printer's departure from the author's text, whether willful or not. This discrepancy contributes to the difficulties of establishing an author's orthography. Before a full treatment of orthography in the Renaissance can be made, the norms and varieties will need to be documented. In an effort to provide such documentary evidence for the writings of Niavis the following observations on orthography have been made based on readings from all editions collated.

auruspex (*EM* 124.11, L), *ariolus* (*EM* 124.11, L), *habundantia* (*LY* 192.9). The omission of initial *h* and the insertion of a prevocalic *h* at the beginning of words and syllables indicate a confusion about aspiration.

nepharium (*EL* 226.5), *phas* (*EL* 213.29), *prophanus* (*EM* 184.24, *EL* 213.8). The writing of *ph* for *f* reflects a tendency toward hypercorrection stemming from a confusion with Greek consonants. Similar confusions involving *th* for *t* (*methaphysicae*, *epithaphia*) are parodied in the *Epistolae obscurorum uirorum*.[18]

conditio for *condicio* (*EB* 27.4). Niavis shared the general confusion regarding these two abstractions, which dates from late antiquity. Ernout shows how *condicio* and *conditio*, two etymologically distinct nouns, become indistinguishable doublets by the association of similar connotations.[19]

soleocismus (*EL* 189.23–24). The inversion of the vowels of the diphthong may result from analogy with the verb *soleo*. Niavis regularly simplified *-oe-* diphthongs to *-e-*.

uendico for *uindico* (*EM* 123.28, 155.10, *EL* 184.27). The vulgar Latin origin of *uendico* probably results from the influence of the verb *uendo* on *uindico*. The spelling was common in the Middle Ages, and in the Renaissance examples can be found in the writings of Aeneas Silvius Piccolomini and Erasmus.[20]

Morphology

fuissem applicatus (*EL* 234.1–2). The pluperfect subjunctive passive, occasionally formed with the pluperfect subjunctive of *sum* + pf. pass. pcp. in classical Latin, was regularly written this way by Niavis. Cf. *EB* 59.4; *EM* 128.12–13, 141.23–24; *EL* 188.28, 198.16–17, 215.20, 226.18, 227.22, 228.18, 238.11. Niavis also formed pluperfect indicative passive with the perfect and pluperfect indicative of *sum* + pf. pass. pcp. Cf. *EB* 19.2–3, et passim.

pugnum (*EM* 124.27–28) *armis fac optimarum arcium pugna*. The editions clearly read *pugna*, not, as in classical Latin, *pugnam*. Perhaps this previously unattested form is the result of an analogy with *proelium*, which occurs frequently in the plural.

soleocissimus (*EL* 189.23–24). The suffix in *-issimus* was probably intentional since *soleocismus* appears on the same page. Niavis, then, employed this suffix to emphasize his disapproval of the *pluralis reverentiae* in letter-writing. *Quid de soleocissimo illo cum unum quasi plures nominamus?* The practice of adding a superlative ending to nouns continued in Luther's letters and *Tischreden* as well as in the *EOV*.[21]

Syntax

Several instances of medieval usage with regard to pronouns are attested.

unus for indefinite pronoun (*EM* 144.20; *EL* 235.15; *LY* 222.11). The use of *unus* as an indefinite pronoun was probably influenced by the indefinite *einer* in German.[22] More remarkable about the appearance of *unus* here is that Niavis himself disapproved of this usage in his *Dyalogus*. There, to cite one example of many, he parodied the language of a prospective student by having him speak, *quomodo oportet unum facere?* (*Dyal.* 2r). Niavis did observe the distinction between *aliquis* and *quidam*, using the latter to indicate greater definiteness. He never used *unus* as an indefinite article in the letters.

ei for *sibi* (*EM* 163.6) and *sibi* for *illi* (*EB* 55.9). The confusion between demonstrative and reflexive pronouns is a common feature of vulgar Latin. See *TLL* 7.1.350.81ff., and Hofmann-Szantyr p. 175.

cuius for *quorum* (*EL* 187.12). Similar to *cui*, which becomes a fixed form without respect to the number of the antecedent in Romance languages (cf. O.F. and It.). In Romance languages *cui* serves as an *obliquus*. On the genitive as *obliquus* see Hofmann-Szantyr, p. 51.[23]

huiusce for *huiuscemodi* (*EB* 38.12, *EM* 130.10, *EL* 170.23). In Late Latin *huiusmodi*, *huiuscemodi*, and *huiusce* appear as uninflected pronouns for *talis*, singular and plural, nominative as well as oblique cases.[24]

With regard to prepositions, Niavis employed *in praedicatiuum* with the meaning of *uelut*, English *as* (*EM* 151.2) *ut adolescentem in domicellum assumat,* in the heading to a letter which contains the parallel construction: *illum ipsum ad te recipias ut domicellum tuum. . . .* This usage of *in*, according to Hofmann-Szantyr, p. 275, is common in the early Latin versions of the Bible where it stands for a parallel Greek construction with εἰς, which stems from a Hebraism.

tuam erga in me amiciciam (*EM* 162.11). The practice of joining prepositions or adverbs together is typical of popular speech and reflects an exaggerated effort toward clarity. This is the only instance in Niavis' letters; elsewhere he wrote classically *erga* + acc. See Hofmann-Szantyr p. 283.

interrogare pro for *i. de* (*EB* 28.5). The use of *pro* after this verb is unattested in CL. Hofmann-Szantyr, p. 271, cites Martin of Braga, sixth century, for the earliest example of *i. pro.*

compleui . . . ad magisterii gradum (*EB* 22.10–11; *LY* 198.16–17). Perhaps a conflation of the expressions *peruenire ad gradum* and *compleui gradum*. This should not be confused with the fixed phrase *pro gradu*, which becomes substantivized. Cf. Zarncke 183.21–22 *Mandat omnibus . . . pro gradu . . . complentibus*, where *pro gradu* is the direct object of *complentibus*.[25]

de argento nihil habebis (*EL* 194.19). *De* + the ablative for the genitive is a vulgar Latin construction. It occurs frequently in the *EOV*; see Löfstedt (1983) p. 276. One instance of a double comparative occurs in the Letters: *plus doctiores quam ego* (*EB* 88.13–14). While this error is parodied extensively in the *EOV*, the letters of von Hütten and of Luther contain double comparatives and add comparative and superlative suffixes to superlative adjectives.[26] The comparative adjective is sometimes used for superlative: *ciuitas melior est ducis* (*EB* 8.6); *EB* 25.14 (bis); *inter alios excellentior est* (*EB* 86.13).

The appearance of the adverb *adminus* (*EL* 228.29; *LY* 222.7), well attested in medieval and neo-latin writings, is interesting, though it could have come from any number of sources, vernacular as well as Latin. Cf. German *mindestens*, French *au moins*, Italian *almeno*. For examples from medieval and neo-latin sources see B. Löfstedt "Zum dänischen Mittellatein," *Arctos*, 14 (1980) p. 46.

As a conjunction *ut* is frequently omitted from the opening of consecutive clauses (*EB* 4.19 *precor obtestorque eo suscipias animo*, 5.2, 14–15, 17–18 *Fac sis* (CL); 8.3, 12.5–6, 14.9–10, 18.9–10, 20.9; *EM* 150.20; et passim).[27]

An instance of contaminatio appears at *EL* 185.17: *at, ut reor, disertum uirum . . . reperiri sine sapiencia non posse*. The sentence results from the crossing of two constructions: *ut reor, disertus uir reperiri non potest* and *reor disertum uirum reperiri non posse*. The phenomenon is not unknown to classical writers. See E. Löfstedt, *Syntactica II* 165–66 for Classical and Late Latin sources. See also B. Löfstedt, *Glotta* 54, pp. 149ff., for examples from Latin sources in medieval Spain.

Word Formation

a. NOMINA

-alis. *seruicialis*, n. (*EM* 122.24; *LY* 197.35). One occurrence in Bartal, as an adjective (*populi seruiciales scilicet pelliparii, sutores, fabri debent dare. . .*). Niavis used the noun in the sense of *nuncius*.

-asta. *Hottasta* (*EL* 189.17). Only attested occurrence. The word is possibly from *Hutta*, defined by Bartal as *officina metallica*. With the agent suffix the word could mean *metallicus* or *metallista*, a metalworker. Niavis seems to have endorsed its use, since he recalls a *sagacissimus quidam uir* who admitted only this one of all the nouns in *-sta* in current use (*EL* 189.15ff.).

-bilis. *conducibilis* (*EL* 225.3, *EM* 121.26). In both instances with *consilium*. Plautus, at *Epidicus* 256, and again at 260, has *conducibile consilium* (*TLL* 4.157. 60ff.).

-culus, for diminutive. *celeriusculus* (*EB* 5.17) corresponding with *tardiusculus* of the preceding letter. *Tardiusculus* occurs in Terence, *Heautontimorumenos* 3, 2, 4. *Defendiculum* (*EB* 99.10) in plural, "instruments of defense." Cf. Zarncke 182.30 *diuersis armis et defendiculis inter pugnandum ludendumque utetur*.

-ista. In company with many humanist writers, though more doctrinaire than most, Niavis considered the class of nouns of agent possessing this suffix, *in "-sta" terminata nomina* (*EL*

189.17), as barbarous and avoided them. He used the classical *iurisconsultus* (*EL* 188.7 and 192.3) even when he excoriated the law faculties for corrupting the language, and he rejected *iurista* (*EL*, 192.12). He also mentioned *artista* and *legista* as examples of barbarism (*EL* 189.13–14). Two other instances of such nouns exist in the letters: *Grecista* (*EM* 172.19), which Niavis identified as the popular name for Eberhard of Bethune, the author of the *Graecismus*; and *ballista*, the cross-bow, not used by Niavis as a noun of agent.[28]

b. VERBA

The frequentative verbs that occur in the letters are all attested in antiquity, but Niavis's extensive use of them is a feature of later and medieval Latin. The list includes: *aduentare* (*EM* 179.9), *contentare* (*EB* 48.12), *defensare* (*EM* 140.24), *factitare* (*EL* 219.7), *iactitare* (*EL* 224.13), *inceptare* (*EM* 209.24), *lectitare* (*EL* 202.13, 209.26, 223.15), *presentare* (*EM* 161.12), *propulsare* (*EB* 9.4, *EM* 171.12), *uocitare* (*EB* 51.3).

The prefix *con-* appears in *congaudere* (*EB* 71.1, *EM* 145.27) *TLL* 4.252.14, first attested in the *Itala*.

Colores Rhetorici

As models of Latin eloquence Niavis's letters are provided with numerous rhetorical figures.

Pleonastic expressions, typical of scholastic and juridical prose, especially by the repetition of an idea with a synonym: *EM* 122.18 *ambages circuicionesque*, 136.16 *abdita sunt et occulta*, 138.17–18 *notum tibi est atque apertum*, 138.24–25 *et gaudeo et letor*, 179.10 *Forte casu*; *EL* 197.27 *obstaculo foret et impedimento*, 200.19–20 *deprimit atque pessum dat*. This is one of the features satirized in the *EOV*.[29]

Archaism: *EB* 49.3 *nescio cuias*.

Interlocking word order: *EM* 129.18 *Si te humaniter sum benigneque allocutus*, 156.4–5 *quid in se Latine boni littere contineant*; *EL* 212.21 *quis sine potest labore consequi*.

Tmesis: *EB* 86.11–12 *satis tamen faciam*, 105.5 *satis ut facerem*.

Chiasmus: *EB* 6.15 *Alioquin agri deuastabuntur, rapientur pecora*, 35.13 *Magnitudo scelerum ac hominum prauitas*; *EM* 125.17 *Dabo pudori meo, uerecundieque concedam*, 135.13 *que conturbant ingenium uiresque eneruant*; *II* 263.18 *Lumen ingenii, animique thesaurum*.

Colometry: *EL* 190.4 *sed mala, sed preter raciones, sed preter maiorum autoritatem*, 195.14 *Gaudet, letatur, uita sibi iocunda est*; *II* 244.22-23 *Terram laesam, cruentam, perforatam, uulneratamque*.

Praeteritio: *EL* 188.9 *Hii enim indigni sunt uerba de ipsis fiant*.

Anaphora: *EL* 188.12 *O extremam ignoranciam et barbaricam illam! O derelictum obrutumque ingenium! O manifestissimam insaniam!*

NIAVIS AND THE *EOV*

Niavis's reputation among several of the leading German humanists of the early sixteenth century is reflected in the *Epistolae obscurorum uirorum*, where his work was linked with that of Alexander of Villadei, John of Garland, and other writers of the scholastic tradition.[30] Niavis, however, considered himself an heir of the Italian humanists and shared their admiration of classical authors—both Greek (in Latin translation) and Roman—their appreciation for contemporary Italian models of Latin style, their satisfaction with the impact of printing on the diffusion of classical authors, their hostility to scholastic grammars, and numerous other elements of their movement. How, then, did Niavis, who identified himself so strongly with the humanist movement, come to be regarded by his younger contemporaries as simply a recent manifestation of the scholastic program? To what extent is Niavis a medieval or a humanist figure?

"Medieval or humanist?" The terms are certainly not mutually exclusive in the history of education (if they are in any aspects of European culture), for the latter grew out of the former. The first humanists of a given locale had been brought up in the medieval *artes liberales* before they embraced the *studia humanitatis*, and, in many cases, they continued to work in faculties divided by the issue of educational reform. Niavis, an early participant in the last and most enduring phase of German humanism,[31] acknowledged with contempt his own scholastic training at the University of Ingolstadt and the paucity of teachers who possessed a satisfactory knowledge of the classical authors —an attitude not unlike that of Erasmus, who complained of the poor quality of teachers at Deventer in his youth. For this reason Niavis reflected more the medieval world than those who flourished in the first decades of the sixteenth century and who benefited from the training in reformed programs such as the one at Erfurt.

The image of a writer working during the transition from one cultural movement to another, largely antithetical to the first, is reflected in his use of language. The late antique and medieval features of the letters include double comparatives, comparatives for superlatives, *medius* + genitive, *de* + ablative for partitive genitive, the confusion of demonstrative and reflexive pronouns, *unus* for indefinite pronoun, etc. Still, for every instance of an unclassical expression there are instances of classical expressions used under the same grammatical circumstances. If he used *unus* for the indefinite pronoun three times in the letters, he used appropriately *aliquis* and *quidam* much more often. His awareness of what constitutes an unclassical expression was not as clear as that of later humanists. Exposure to classical Latin prose does not produce classical Latin prose-writing, which is a matter of individual intellect and temperament and is certainly impeded by habits formed in youth. The authors of the following century, however, differed from Niavis in degree, for medieval forms appear, if less often, in their own writings also.[32]

To return to the implicit judgment of Niavis, as well as others, in the *EOV*—these letters must be regarded in the light of their authors' aims and methods. Their purpose, primarily political and religious, was to discredit the Dominicans and their supporters, who were seeking an injunction against Johannes Reuchlin, a lawyer and leading humanist. The highly polemical work used parody in a sometimes highly scurrilous manner. Niavis's connections with Leipzig were viewed as a disadvantage by the humanists in Reuchlin's camp. The university's reputation as a scholastic institution is part of the parody of the *EOV*, for of the fictitious places of origin of the letters, Leipzig was one of the most commonly mentioned. Niavis's M.A. from the university and his subsequent involvement with academic life there, including the publication of his various works by presses in the city, made him guilty by association. Moreover, the association of Niavis with Alexander, Remigius of Auxerre, and the *Composita uerborum* was chiefly circumstantial. The *fortuna libellorum* of Niavis was in the hands of printers who made compilations with more regard for the market for their books than for consistency of content and educational approach. In fact, in 1494 Conrad Cachelofen of Leipzig printed a compilation in which he placed Niavis's letters after Alexander's *Doctrinale* and a work under the name of Remigius (for a description of this incunable see the following section). Any assessment of humanist criticism of Niavis must bear in mind the circumstances of publication of his works and the polemical, broad humor of the *EOV*.

EDITIONS OF THE *EPISTOLE*

Epistole breues

The *Epistole breues* exist in no fewer than eleven editions. Bömer lists ten editions.[33] To these can be added the edition of all three letter collections in a student handbook—*pro baccalariandis* [*sic*]—containing texts dealing with grammar and logic.[34] This compilation, printed in 1494, is the earliest dated edition of the letters. Because the *Epistole breues* were the first of the three collections to be made, and other editions of the *Epistole mediocres* and the *Epistole longiores* bear the date 1494, it is not unlikely that the *Epistole breues* were printed sometime earlier, but after Niavis came to Leipzig from Chemnitz (1488). The *editio princeps* was printed at Leipzig by either Conrad Cachelofen or Martin Landsberg. Cachelofen and his son-in-law, Melchior Lotter, Sr., who succeeded him at the press, printed five of the eleven editions of the letters. The last dated edition was printed at Nuremberg in 1510 by Wolfgang Huber.

The *Epistole breues* fall into two groups; those compiled for the Archdeacon Andreas Hubner, who is also the addressee of the *Epistole mediocres* and *Epistole longiores*, and those for Andreas Keesler. Except for the names of the addressees and the synonymous formulas of salutation in the two prefaces (*Hubner . . . domino suo colendissimo*; *Keesler . . . domino suo plurimum colendo*) the texts of the collection show no signs of revision.

The present edition of the *Epistole breues* is based on the following editions:

L Bayerische Staatsbibliothek 4° Inc ca 1665 (Hain 11729). Leaf 22r bears the information: Impressum Liptzk per Melchiorem Lotter Anno huma/ne salutis nonogesimonono duodecimo quoque februarii/kalendas. 22 leaves. What was originally folio 17 in this incunable has been bound as folio 21. Addressed to Andreas Hubner.

V Österreichische Nationalbibliothek Ink 1 H 30 (Hain 11728).[35] Printed by Cachelofen at Leipzig. 24 leaves. Addressed to Andreas Hubner.

W Uppsala Universitets Bibliotek Ink 35b: 730 8° (Hain 11727). 24 leaves, 33 lines. Addressed to Andreas Keesler.

Epistole mediocres

The only dated editions of the two collections of longer letters, the *Epistole mediocres* and the *Epistole longiores*, were printed by Cachelofen in 1494. The present edition of the *Epistole mediocres* is based on the following of the six known editions:

K Bayerische Staatsbibliothek 4° Inc ca 1127 (Hain 11733). On leaf 22v the book bears the colophon: Impressum Liptzk per Cunradum/Kacheloffen Anno domini xciiii. 22 leaves, 34 lines. For fuller typographical and other bibliographical information see *BMC* III.626.

L Beinecke Rare Book and Manuscript Library, Yale University Zi, 2994.3 (Hain 11732). Without explicit mention of place or year of publication, this book has been identified at Yale as the work of Martin Landsberg. 24 leaves, 34 lines.

Epistole longiores

Five editions have been identified, Cachelofen printed three, and Landsberg one. The present edition is based on the two following:

K Bayerische Staatsbibliothek 4° Inc ca 1126 (Hain 11736). Signed: Impressum liptzk per me Cunradum/ Kacheloffen Anno domini Mccccxciiii. 23 leaves, 34 lines. See *BMC* III.626 for fuller bibliographical information.

M Bayerische Staatsbibliothek 4° Inc sa 1327 (Hain 11734). 22 leaves, 33 lines. Identified by Hain as the work of Cachelofen, Leipzig.

EDITORIAL PRINCIPLES

The preponderance of certain spellings has led me to adopt them as normative, rather than to follow classical standards throughout. *-Ae-* and *-oe-* diphthongs have been simplified to *-e-*, prevocalic *-ti-* has become *-ci-*, *-mqu-* has become *-nqu-*, and there appear *duntaxat*, *epistola*, *autor/autoritas*. The use of punctuation in the incunables is typical of its time; the use of full stop, semi-colon, and punctus elevatus in the same circumstances is too confusing for adoption in this edition. I have followed the standards consistent with the practices in the series of *Oxford Classical Texts*.

NOTES

1. Alois Bömer used the term "Vorkämpfer" of Niavis in the only critical biographical treatment of the schoolmaster, "Paulus Niavis: Ein Vorkämpfer des deutschen Humanismus," *Neues Archiv für Sächsische Geschichte und Altertumskunde*, 19 (Dresden, 1898), pp. 51–94.

2. For the sake of convenience the following abbreviations for the works of Niavis will be used: *EB=Epistole breues*, *EM=Epistole mediocres*, *EL=Epistole longiores*, all cited from the present edition; *LY=Latinum ydeoma pro nouellis studentibus*, edited by Gerhard Streckenbach in his article "Paulus Niavis, 'Latinum ydeoma pro nouellis studentibus'—ein Gesprächsbüchlein aus dem letzten Viertel des 15. Jahrhunderts II,"*Mittellateinisches Jahrbuch* 7 (1972), pp.187–251; *II=Iudicium Iouis in ualle amoenitatis habitum, ad quod mortalis homo a terra tractus propter montifodinas in Monte Niueo aliisque multis perfectas ac demum parricidi accusatus*, printed in Hans Rupprich, *Humanismus und Renaissance in den deutschen Städten und an den Universitäten* (Leipzig, 1935), pp. 239–75; *Dialogus=Dialogus Magistri Pauli Niavis in quo litterarum studiosus preceptionisque rethorice deditus cum beano quarumuis preceptionum imperito atque ignaro loquitur*, Bayerische Staatsbibliothek, 4 ° Inc sa 1320 (Hain 11737).

3. See Terrence Heath, "Logical Grammar, Grammatical Logic, and Humanism in Three German Universities," *Studies in the Renaissance* 18 (New York, 1971), pp. 9–64.

4. Cogitemus nunc quibus libris nos insudauimus, quos codices perlustrauimus, quando loqui perdiscere conati sumus. Fuerunt *Composita uerborum*, *Verba deponentalia*, *Eberhardus*, *Modi significandi*, pluresque libri qui stulciores reddunt discipulos quam accipiunt. Nemo nobis Ciceronem nominauit, nemo Quintilianum, nemo Terencium, ideoque ut iam plane intelligo tam facundos eos esse ut ex ipsis, tanquam ex carbonariis lux, lucescit eloquencia. Siquis eos loqui audierit, frendentes pocius audire possit porcos. *EL* 186.10–19.

5. Siquid euomunt, tumencia faciunt labra, duriter aliunde uerba translata complectuntur, ad aridum ueniunt et exangue genus oracionis. *EL* 186.20–23.

6. Niavis may have gained acquaintance with other Italian humanistic letter writers by reading collections issued under the name of Piccolomini. The second of the two letter-collections authored by Piccolomini, *Epistolae in Cardinalatu editae*, began to include anthologies of letters by other fifteenth-century humanists

in editions printed in the second half of the 1470s. See Cecil H. Clough, "The Cult of Antiquity: Letters and Letter Collections," *Cultural Aspects of the Italian Renaissance: Essays in Honor of Paul Oskar Kristeller*, ed. Cecil H. Clough (New York, 1976), p. 43.

7. . . .tamen priscorum uirorum littere fere omnes de uetustissimis sunt rebus, quarum alique non solum ab usu remote, uerumetiam omnino aut perierunt aut in alias res mutate sunt. *EB* 4.3–6.

8. . . .non enim de his que in mari geruntur tractant, non de bellis gentilium in quibus multe ordinaciones fuerunt aut instrumenta ad expugnandas ciuitates, que uariata sunt omnia et immutata, quorum nomina, si audiamus, nemo fere cognoscit quandoquidem res ipsa ab usu relicta est. *EL* 210.24–29.

9. Non solum codicem ipsum legi uerum etiam historias aliquas, partesque collegerim ac plane eleganciores transcripserim. *EL* 212.17–19.

10. Sed quid de Ciceronis dicam officiis? Que talia sunt, omnium ferme philosophorum libris precellunt qui moralem explicant philosophiam. Non solum uidebitis philosophie precepta sed stilum etiam autoris oratorisque eruditissimi. *EM* 173.15–19.

11. Petrarch's discovery of a manuscript of the *Epp. ad Atticum* (also containing letters to Quintus, Brutus, and the spurious letter to Octavian) at the Chapter Library of Verona in 1345 marked the introduction of the letters to the Renaissance. There is no known reference to the *ad Atticum* by any medieval writer, although the *Epp. ad familiares* have survived in an early ninth-century manuscript containing the first half of the sixteen books. On the transmission of these letters see the articles by R. H. Rouse, "Epp. ad Atticum," and "Epp. ad familiares," in *Texts and Transmission*, ed. L. D. Reynolds (Oxford, 1983).

12. . . .imitacio per se ipsa non sufficit; pigri est ingenii contentum esse hiis que sunt ab illis inuenta. Adde ut quicquid alteri simile necesse est ut minus sit, ut umbra corpore, imago facie. Contra, omnis imitacio ficta est et ad alienum propositum accommodatur. *EM* 130.17–21.

13. See Karl Nehring, *Matthias Corvinus, Kaiser Friedrich III. und das Reich: zum hunyadisch-habsburgischen Gegensatz im Donauraum* (Munich, 1989); Peter E. Kovacs, *Matthias Corvinus* (Budapest, 1990); and Rosza Feuer-Toth, *Art and Humanism in Hungary in the Age of Matthias Corvinus* (Budapest, 1990).

14. Franz Babinger, *Mehmed the Conqueror and His Time*, transl. Ralph Manheim (Princeton, 1978), pp. 274, 323, 338, 373–76, and 495.

15. On the relations between Louis XI and Charles the Bold in general I have used Philippe de Commynes, *Memoires sur Louis XI*, in the *Editions Gallimard*, ed. Jean Dufournet (Paris, 1979), and Paul Murray Kendall, *Louis XI* (New York, 1971). On the death of Charles see Commynes Bk. 5, cap. 8 (pp. 373–77), and in Kendall, pp. 312–14.

16. On the murder of Louis de Bourbon see Henri Pirenne, *Histoire de Belgique*, vol. 3, *De la mort de Charles le téméraire à l'arrivée du duc d'Albe dans les Pays-Bas* (Brussels, 1932), pp. 146–51.

17. On the massacre of the bourgeoisie of Liège by Charles the Bold and the broader political motives of the action see Samuel Kinser's introduction to *The Memoires of Philippe de Commynes*, transl. Isabelle Cazeaux (Columbia, South Carolina, 1969), vol. 1, pp. 21-26; Commynes, *op. cit.*, Bk. 2, especially chapters 7 through 13; Kendall, *op. cit.*, pp. 208–22.

18. On this practice see B. Löfstedt, "Zur Sprache der 'Epistolae obscurorum uirorum'," in *Mittellateinisches Jahrbuch* 18 (Munich, 1983), p. 273.

19. See Ernout's "Condicio et conditio" in *Aspects du vocabulaire latin* (Paris, 1954).

20. On the origins of *uendicare* and the examples from Aeneas Silvius see B. Löfstedt, *Zenonis Veronensis Tractatus, Corpus Christianorum, Series Latina XXII* (Turnhout, 1971), pp. 74–76. For Erasmus examples can be found in the letters, edited by P. S. Allen, v.1 (Oxford, 1906), pp. 93.16; 122.36, 44.

21. For Luther's playing on the comparisons of nouns like *diabolissimus*, *monachissimus*, et al., see B. Löfstedt, "Notizen eines Latinisten zu Luthers Briefen und Tischreden," *Vetenskapssocieteten i Lund* (1983), pp. 28–29. For examples with a genitive, e.g. *theologorum theologissimus*, as part of the parody in the *EOV*, and for medieval sources which inspired the parody, see Löfstedt, *EOV* (1983), p. 275, and notes 30 and 31.

22. For instances of the parodistic use of *unus*, especially as an indefinite article where the influence stems from a vulgar Latin usage, see Löfstedt, *EOV* (1983), p. 288.

23. For *cuius* as a dative see Juan Gil and B. Löfstedt, "Sprachliches zu Valerius von Bierzo," *Cuadernos de filologia clasica* 10 (Madrid, 1976), pp. 280–81.

24. Examples of *huiusmodi* and *huiuscemodi* for *talis* can be found in *TLL* 6:2744, 11ff., and Hofmann-Szantyr, p. 70. For examples of *huiusce* in the same sense see B. Löfstedt, "Zum spanischen Mittellatein," *Glotta* 54 (Göttingen, 1963), p. 154.

25. Friedrich Zarncke, *Die deutschen Universitäten im Mittelalter. Beitrage zur Geschichte und Charakteristik derselben* (Leipzig, 1900).

26. For examples see Löfstedt, *EOV* (1983), p. 276 and note 32.

27. The same feature has been observed in Erasmus' Latin by D. F. S. Thomson, "The Latinity of Erasmus," in *Erasmus*, ed. T. A. Dorey (London, 1970), p. 175.

28. On the use of words with the suffix *-ista* as catchwords during the Reformation see F. Lepp, *Schlagwörter des Reformationszeitalters* (Leipzig, 1908).

29. See Löfstedt, *EOV* (1983), pp. 276–77.

30. "Et isti humanistae nunc uexant me cum suo nouo Latino, et annihilant illos ueteres libros, Alexandrum, Remigium, Ioannem de Garlandia, Cornutum, Composita uerborum, Epistolare magistri Pauli Niavis . . ." *EOV* I. 7.

31. Lewis Spitz traces three phases of German humanism beginning with the founding of the University of Prague in 1348 and reaching its most fruitful and enduring stage in the reign of Emperor Maximilian, 1493–1517, and the circle of younger humanists surrounding Luther (*The Religious Renaissance of the German Humanists* [Harvard, 1963]). But the career of Niavis calls into question one aspect of the periodization of Spitz. According to Spitz, the Italian-inspired second phase, which received its impetus from the councils of Constance and Basel, and the German travels of Poggio, Vergerio, and Aeneas Silvius, came to an end at the close of the third quarter of the fifteenth century. Niavis, however, possessing all the characteristics of this phase, was active into the last decade of the century.

32. The appearance of *postremissimus* in von Hütten's *Opera* raises questions of his own understanding of unclassical features. For references to unclassical features in the writings of von Hütten and Luther see B. Löfstedt, *EOV*, p. 276 and n. 33.

33. "Niavis: Ein Vorkämpfer," pp. 90–91.

34. This handbook is listed as item 1245 in the catalogue of the Stadtbibliothek, Frankfurt, *Die neueren Handschriften der Gruppe Manuscripta latina*, ed. Gerhardt Powitz and J. Hager, vol. 5 in *Die Handschriften der Stadt- und Universitätsbibliothek, Frankfurt am Main*, ed. Gerhardt Powitz, Herbert Buck, Karin Bredelhorn, and Joachim Schlichte (Frankfurt am Main, 1968). In addition to the three letter collections the handbook contains other works cited by Niavis, such as the *Doctrinale* of Alexander of Villadei and the *Paruulus logicae*. Ironically, despite Niavis's contempt for the *Doctrinale*, the two works circulated together.

35. This incunable has been wrongly identified on the front flyleaf as "Hain 11718."

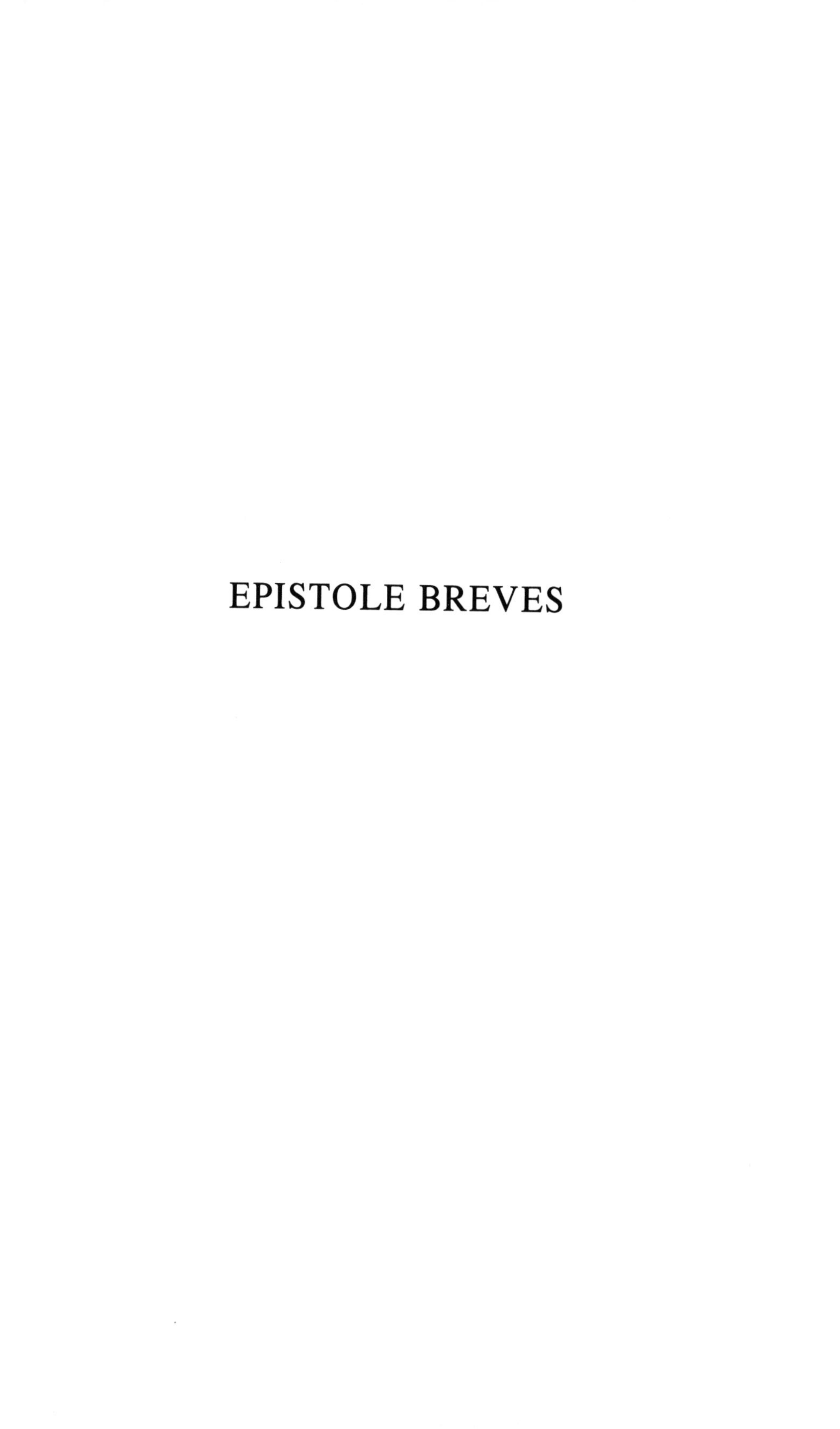

EPISTOLE BREVES

EDITIONVM SIGLA

L München, *Bayerische Staatsbibliothek*, 4 ° Inc ca 1665 (Hain 11729)

V Wien, *Österreichische Nationalbibliothek*, Ink 1 H 30 (Hain 11728)

W Uppsala, *Universitets Bibliotek*, Ink 35b: 730 8 ° (Hain 11727)

EPISTOLE BREVES

Paulus Niauis, arcium magister, uenerando uiro Andree Hubner, commendatori in Plawen, archidiaconoque Tobnensi, domino suo colendissimo salutem plurimam dicit. Magnam solet uim et litterarum quandam incredibilem et ad dicendum prope singularem adolescentibus utilitatem afferre scribendi preceptio. Cum ocio fruatur liberiore, et nulla eum celeritas preueniat, tum propter simulacrum quod prestat sermoni uelut nonnullam ipsius similitudinem ac demum amicissimo cuique explicat siquid ad eum perferre uoluerit. Addo latinitatis familiaritatem, que iuuenibus bone indolis iter ostendit quo ualeant ad optimarum arcium cacumina peruenire. Si forte dixero, uir prestantissime atque optime, fore hanc disciplinam tanquam certamen ad quod a pueris nos preparamus, dum grammatice solemus inseruire uariisque deriuationibus dictionum et regulis ad apte dispositeque loquendum nulla te habeat ne ammiratio quidem. Palam est atque in promptu perfectam locutionem eorum esse finem quem prima etate primum condiscunt et ad quem longe uehementius impelluntur a preceptoribus suis.

Que cum ita sint mei colligendi causa epistolas uarias, quas et in conficiendis epistolis exemplorum loco posuerim, et quas ad amicos in gerendis scripserim negociis, in libellum redegi, a discipulis plurimum rogatus. Et licet a Marco Cicerone aliisque permultis

2 Hubner: Kessler W in Plawen archidiaconoque Tobnensi: archidiaconoque in Plauen W 3 colendissimo: plurimum colendo W 4 quandam: quondam W 7 eum: eam W celeritas: sceleritas LV preueniat: perueniat LV tum: cum W 13 atque: ac L 18 esse: et V quem: que in WV qua in L 19 quem: quod LVW

oratoribus multa uel genera epistolarum librique scripti sunt ut necessarium non uideatur nouas in lucem inducere, tamen priscorum uirorum littere fere omnes de uetustissimis sunt rebus, quarum alique non solum ab usu remote, uerumetiam omnino aut perierunt aut in alias res mutate sunt. Itaque conferre haud parum censebam primum epistolas breues, que essent discipulis ut imitatio quedam, in librum colligerem, deinde paulisper longiores, quas mediocres nuncupaui, postremo pene prolixas, et que omnes de rebus nostris fuerint, ex quibus ceu e speculo contueri poterint quo pacto littere dictantur, et dum in ea doctrina firmiores fuerint, ad fastigia summorum uirorum accedere.

Inter scribendum autem dominatio tua occurrit quam, cum ab ineunte etate, ut preceptorem optimum, ardentiore complexus amore, nunc uero, non secus ac soleo, firma caritate prosequor. Libellum epistolarum ad te mitto, sicuti ad censorem animaduersoremque ipsius, quas ob res precor obtestorque eo suscipias animo quo Paulus tui amantissimus ad te mittit. Vale.

2 inducere: educere W 9 nuncupaui: nuncupant L 12 uirorum: suorum W 19 quo: pacto *add.* LV

Epistola reprehendens scribendi tarditatem

Adhortabar te interdum ad me scriberes. Factus autem es tardiusculus, nec scribendi officium amplius curas. Equidem reor uel amiciciam nostram minorem esse quam fuerat, uel te dicendi preceptionem nunc parui facere. At nihil est quod eque cupio quam litteras tuas, in quibus antiquum inter nos amorem non esse extinctum cognoscam. Etsi immemor mei aliquando fuisses, profecto scribendi munus te in memoriam reducet, quod ego quoque pariter faciam, ac proinde complacere semper studebo. Vale.

Responsio

Arguis me scribendi tarditate, et quasi nunc debilius opinaris amicicie munus. Fateor litterarum assiduitas familiaritatem gignit atque nutrit, sed quid me culpas, obsecro? Nam crebrius ad te scripserim quam scripta tua acceperim. Fac sis celeriusculus litteris tuis, qua in re gratissimum mihi feceris, et firmiorem reddes amiciciam nostram. Vale.

15 gignit atque nutrit, sed quid: gignit sed atque nutrit quid W

Rex Vngarie aduersus ducem Iohannem de Sagana arma mouet

Fama est in patria nostra regem Vngarie aduersus ducem Iohannem de Sagana arma moturum. Displicet toti Schlesie sollicitaque est, et uariis modis conatur an huiusce litem ac principum disceptationem posset lenire. Quid futurum sit Deus nouit. Pacem omnes et precantur et optant. Hec iam noua te scire, tametsi minus iucunda, scribereque ad te placuit. Vale.

Responsio

Scribis rem non tantum duci Iohanni periculum uerumetiam toti Schlesie presagientem. Si prouincia ciuitatesque in ea sapiunt, summo laborabunt studio, nullique parcent labori donec principum illorum discordiam intercipiant. Alioquin agri deuastabuntur, rapientur pecora, et nec amicus nec hostis erit satis tutus. Vale.

Epistola narrans exercitum de Vngaria uenisse in Schlesiam

Verum erat presagium tuum ut ueniente rege Vngarie minus fore uel amicos tutos uel hostes. Quamprimum ex Vngaria copie sunt educte, omnis cessat mercatura, agri cultus relinquitur, uiarum aditus latronibus obsessi, ac demum deuastantur et uille et oppida non satis munita. Si letiora forent pre manibus, letiora quoque ad te scriberem. Vale.

Responsio

Doleo tam insigni terre atque fructifere quod huiusmodi iam incommodum ab Vngaris patitur. Nec dubium est si rex ipse copias eduxerit, quin ferum populum predabundumque habet, qui agri populabuntur, ac tota Schlesia uaria subibit pericula. Te oratum facio, quamprimum possis, quo se turba populique multitudo conferet significare uelis, in quo maxime tuum erga me officium cognoscam. Vale.

4 tutos: tuos W   13 quin: qui LW

Epistola notificans regem Vngarie Magnam Glogauiam obsedisse

Postulasti te cerciorem redderem quid Vngarie regis exercitus facturus aut quo se recipere uelit. Illud iam et firmiter scito ipsum Glogauiam Magnam obsedisse, que ciuitas melior est ducis Iohannis de Sagana, quam cum expugnauerit, facile est reliquas ciuitates obtinere. Hec certa sunt et uera aliis narrare possis. Vale.

Responsio

Permagna me habet ammiratio qua uelit confidentia dux Iohannes regie potencie resistere, que cum solemnem urbem Wiennam sibi subiugauit, latissimis fossis, muris subductis, ac flumine nauigabili septam, facile oppidum illud, haud satis munitum contra hostium impetum, obtinebit. Tu uero que in temporis tractu agentur, ad me scribere non desine. Vale.

5 scito: scio LV 14–15 impetum: munitum *add.* W

De Glogauie deditione

Frater meus minor natu pridie ex Schlesia ad me uenit. Retulit enim ducem Iohannem de Sagana fortiter quamque regis Vngarie expeditionem propulsasse, adeo ut ne ui quidem urbem Glogauiam expugnare potuit. Sed nimium diu obsessa. Demum eam fame coercuit, et incole regi sese dederunt. Hec te scire modo uolui.

Responsio

Antiqua regis consuetudo est plerasque ut ipse ciuitates quas obsessione infestat, primum circundat corona, ac nouissime fame torquet. Sic Wiennam, sic Nouam Ciuitatem, sicque alias urbes plurimum insignes in deditionem redegit. Tu uero dabis operam ut quo se multitudo hec recipiet, aut contra quem arma mouere ad me scribas.

2 ex *om.* W   6 incole: incolo W   15 scribas: scribes V

Quod Sarraceni in Lusaciam se recipiunt

Quamprimum rex Vngarie Magnam Glogauiam ceteraque oppida que ad ducatum ducis Iohannis pertinebant sibi subiugauit, Sarracenos ad Lusaciam traduxit, famaque est marchioni Iohanni bellum indicere ducibusque Saxonie. Hec apud nos diuulgata sunt, de quibus te certiorem facere placuit. Vale.

Responsio

Sarracenos esse in castris atque adeo in fine ducatus principum nostrorum ne obscurum quidem est sed fere omnibus notum. Idcirco principes nostri arma mouent eisque obuiare statuerunt. Extimescenda sunt pericula et maiora quam etas aut nostra unquam nouit aut progenitorum nostrorum. Deus det pacem tranquillaque tempora; id omnes precamur. Vale.

5 indicere: inducere W

Quod studium sequendum est et magis profuturum

Cum anceps ambigueque sentencie nescio quam disciplinam aggrediar que maiorem esset allatura utilitatem, consului multos; nullus tamen eandem quam alius commendauit scientiam. Ille dialecticis inherere suasit, alius rhetorice. Postremo nonnulli philosophos collaudabant. Decreui autem te unum sequi in capescendis consiliis. Idcirco significatione innotesce, obsecro, quam tu doctrinam studio ac demum amore prosequere. Eam ipsam et ego amore amplectar, neque unquam certe a meo hoc proposito discedam. Vale.

Responsio

Ingenia uaria sunt, nec omnes eiusdem rei capaces sumus. Tum ex natura, tum ex consuetudine diuersa aggrediamur; ob quam rem nec ulla te teneat ammiratio si alius aliam nancisci conatur scientiam. Inter plerasque maxime dicendi preceptionem arbitror. Ea una certe pluribus conducit disciplinis, in qua cum elaboraueris, procul iam quauis hesitatione profectum senties. Vale.

9 innotesce: innotescere L   15 sumus: simus W

De commodatione libri uel alterius rei

Animus est aliquando uelle Quintiliani librum intueri, nec ego quemquam scio qui, uel potius me posset participem facere, uel per spacium huiusce temporis communicare. Te rogo igitur, coniunctissime fautor, librum ipsum autoremque denegare non uelis sed transmittere cum eo, quem cernis, tabellatore, pro quo tuo erga me amico officio semper tibi complacere studebo. Vale.

Responsio

Diligenti animo conaris precibus quasi nonnullis Quintiliani librum uelis a me extorquere. Nonne certum habes, carissime fautor, omnia mea tibi esse communia? Recipe librum autoremque, et quoad uolueris pro tuo utere arbitrio. Vale.

Filius ad patrem quia uulneratus est ut subueniat

Infortunium circundedit me tantoque impetu aggressum ut, ne illud quidem patientissimo esset tolerabile. Vulneratus sum uehementissime, concussusque acriter exhalandam usque animam. Enormibus quibusdam lesionibus confectus rogo, optime genitor, presidium quoddam transmittas ne offensus sic uulneratusque ex hominum uita migrarem. Vale.

Responsio

Euentus ille tibi est prenunciatus, fili, sed nemini fidem adhibuisti. Piam aspernatus es patris uocem profuturamque ammonitionem eius, et nisi malum ulcisci malo non possem, nullum a me haberes auxilium. Recipe munus hoc quo curari possis. Valentior tandem cum eris, uitam emenda. Vale.

5 concussusque: contususque VW

Pater filio scribit ut uxorem ducat

Vnicus es heres patrimonii tui. Morte extincti sunt fratres tui omnes, et si antea cupiebam te litteris incumbere, iam uero mutatus. Placet igitur ut uxorem ducas domumque et fundum possideas. Copulabo tibi uirginem speciosam, quacum uitam duces felicissimam. Vale.

Responsio

Ab ineunte etate complacitum ire uolui et tibi et matri mee, perdulcis genitor. Precepisti litteris incumberem; paratus fui. Nunc sententia mutatus iubes ducere uxorem. Presto sum. Nunquam reuera in eo quod tibi uidetur lentus ero. Vale.

2 es *om.* W   Morte: Morti W   3 fratres: tres *add.* W   4 ducas: ducat L

Inquirit infirmitatem

Fuerunt mecum qui fragilem te esse dixerunt, sed non potuerunt hii an grauis esset infirmitas referre. Siquis est impetuosus dolor aut febris aliqua que ualitudinem tuam torquet, mihi significato, et medicum accersire festinabo. Vale.

Responsio

Debilis sum fateor, sed infirmitas parua est et minuta. Neque etiam confert propter exiguam fragilitatem medicum uocare, nam spero eam propediem abituram. Habeo tamen humanitati tue gratiam quod tantam mei curam geris. Vale.

Iterum de morbi inquisitione

Volui scire morbum tuum, et de hoc nihil scribis. Magis enim sollicitus sum quam antea extiteram. Ex re interdum parua magna succrescere solet. Manifesta, obsecro, quid infirmitatis paciaris. Tum uero si facilis est acquiescam. Vale.

Responsio

Estimabam me abdere uelle onus infirmitatis mee, sed assiduis nunc postulas litteris manifestem. Faciam hoc, quamquam indecorum est me illa reserare. Fui cum quibusdam in collatione, et nimietas forte aut potus aut cibi id debilitatis attulit. Hec sunt que postulas. Vale.

5 Tum: Cum W   8 onus: id *add.* VW

Inquirit potatores

Intellexi sane exordium morbi tui. Nihil nunc amplius de illo queram, sed expone tu mihi quinam sunt cum quibus inter conferendum necessitatis terminos excedebas. Tum postea quod mihi cordi est pandere non tardabo. Vale.

Responsio

Nisi tanta mihi copulatus esses amicicia, haudquaquam id tibi exponerem. Quandoquidem turpitudine et infamia non caret, tamen enodabo. Nam fuerunt sutores quidam et fabri quibus summum est gaudium potum habere, non ad necessitatem solum, uerumetiam ad superfluitatem. Hii enim effecerunt ut plusquam natura sufferre potuit potarem.

5 cordi: corde L 10 infamia: infamie W 14 potarem: portarem VW

De nouitate a peregrino suscepta

Peregrinus quidam apud me habuit hospicium. Retulit Bohemie quendam surrexisse episcopum qui hereticam prauitatem auget, probat, atque confirmat. Sed credere nolui quandoquidem terriuagi sepe incognita pro certis affirmant. Siquid de re illa percipies, ad me scribere festina. Vale.

Responsio

Queris de Bohemorum facto. Precaris ad te scribam de episcopo amplificante prauitatem eorum. Velim me mentiri, sed nihil certius est quam quod uetus error uehementissime innouatur. Adest episcopus, adest demonis nuncius, adest Romane ecclesie hostis. Certe res est firma. Vale.

2 quidam: quidem WV 7 festina: festine W

De notificatione infortunii alicuius ciuitatis

Audisti quondam Leodiensium cladem cum expugnati ipsi et trucidati miserabiliter fuerant. Culpa eorum fuisse rumor erat omnium. Nunc paululum emersi in errorem pristinum inciderunt (horrendum dictu!). Non solum dominum abiecerunt, sed ferro quoque iugulabant. Nefandum facinus si secularis fuisset, multo uero deterius cum sit episcopus. Hec ad te scribere libuit. Vale.

Responsio

Graue est auribus tanta que predicas audire. Nescio qualis res est quod urbs illa olim speciosissima nunc totiens ruinam patitur. Vereor ne plaga superorum sit, aut uetus illud uerbum uerissimum: nihil tam stabile quin cadat interdum. Vale.

De modo accipiendi occasionem scribendi

Quondam sepius ad me scripsisti, sed ignoro iam qua re prepeditus omnino siles. Velim tamen a te scire (ut recipias scribendi occasionem) Wilhelmo principe extincto ubi coniunx eius mansisset. Nam ante a quibusuis opinabatur, si mortem obiret, fugitiuam fore de Thuringia. Gratum mihi faceres si hec ad me scriberes. Vale.

Responsio

De uxore principis ad te scribam exoptas. Faciam te certiorem his litteris, nam a ducibus Saxonie obtinuit omne datum sibi dotalitium a principe Wilhelmo. Hec mihi de ipsa constant.

3 prepeditus: propeditus L 7 Vale *om.* VW 12 constant: Vale. *add.* W

Persuasio ut ad uniuersitatem se quis conferat

Mira res est, Iohannes, te in puerilibus hiis quiescere in quibus nec ad altiora peruenias, nec famam scientie assequaris. Festina, precor, ad uniuersale studium, in quo fons est et perfectio disciplinarum, et tantam adipisceris utilitatem quantam nec tu quoque excogitare audes. Vale.

Responsio

Vniuersitatem ingredi iucundum est quibus presto sunt diuitie. Cum uero pauper sim, nulle mihi opes, spernor a quibusque gymnasiis. Noli amplius persuadere. Vides enim inopiam mihi obstare. Vale.

10 sim: sum W

Patri renunciatum est filium ad magisterium se non submisisse

Fuit denunciatum, fili mi, te magistrandum fore atque integre omnes compleuisse et lectiones et exercitia. Nudiustertius alius superuenit qui contrarium dicebat, et non parum ego turbatus quod quidnam tibi obstaculo sit non intellexi. Fac quantocius significabis ut quod tibi fuerit impedimento scire possem. Vale.

Responsio

Compleui, amantissime pater, ut aiis, ad magisterii gradum, et proposui me tum submittere. Sed fecit error, qui nondum sedatus est, in magistrorum indignationem incidi. Eram unus de his qui rogabant ne nos cingulo aggrauarent, quod pro flagitio quodam habitum est. Hec, inquam, causa est, optime genitor. Vale.

11 tum: cum W

De causa iusta coram iudice amissa

Nosti, optime fautor, iustissimam me causam habere contra uicinum meum, sed ad iudicem postquam peruentum est ad ipsosque assessores, omnem perdidi causam. Tam iniqua forensium est et hominum existimatio. Caue ne aliquando et tu in iudicium accedas. Vale.

Responsio

Doleo te causam perdidisse cum uicino tuo, nec facile cogitatu est quo pacto negocium id tam equum amisisti, nisi una res in mentem uenisset quod iudex aduersario tuo fauet. Caue preterea et tu quoque ne amplius cum eo periculum incurras. Vale.

6 in: ad W

An ad alchimiam se applicare debeat

Homo extraneus nuper aduenit magnalia de alchimia loquens. Iurabat se sancte scire artem et quidem uerissimam sed carere instrumentis et ea pecunia ut compararet. Is spopondit parua pro re informaturum me doctrinam. Nolui facere te nesciente. Si uidetur tibi, attemptabo. Vale.

Responsio

Quanquam uera sit ars et certa alchimie, tamen pauci assequuntur. Permulti etiam comperti mentientes se scire predicant, nec paucos ipsi deceperunt. Placet preterea ne inuoluas te in frutecosam illam perniciem. Vale.

12 perniciem: prouinciam W

Pro consilio ad quem statum se quis applicare debeat

Cum etate profectus et, ut dicunt, uirilem assumpsi togam, nec scio iam ad quem statum me applicabo in quo uitam ad calcem usque perducerem. Cum uero mihi ceteris coniunctior sis, peto persuadeas quid aggrediendum sit. Facies amice si huic meo improbo desiderio non desis, et huius ego beneficii nunquam ero immemor. Vale.

Responsio

Quem debeas amplecti statum rogas, et cum puericiam exiuisti, scire potes que tibi et facienda sunt et fugienda. Ceterum satis faciam tue petitioni. Nihil melius censeo, cum litteratus sis, religionem diligas. Inter omnes autem minorum fratrum perfectior est pleniorque sanctitate. Si intraueris emendatione quadam, uitam tuam meliorabis. Vale.

6 peto: *om.* LV

Ad eundem de statu minorum

Quanquam omnibus in rebus secuturus ego consilium tuum, in hac profecto una remouebo. Nam uita minorum dura est, prope dixerim durissima. Ego autem in mollibus a cunabulis enutritus sustinere certe nequirem; inutile est; persuadere noli. Vale.

Responsio

Vitam aiis duram minorum, et ego pariter dico, sed si animo specularis quale premium sequatur laborem, dixeris suauem dulcemque. Nam eterna pro caducis meremur, que si pensare uoles, optimam postea leuissimamque religionem existimabis. Vale.

1 eundem: idem LVW   3 tuum: tutum W

De consilio an conferat ut uxorem quis ducat

Magna mihi quondam fuit appetitio, suauis amice, religionem intrarem aliquam. Nunc mutata conditio mea est, et nihil felicius autumo quam adherere mulieri. Statui mecum uelle ducere aliquam quacum terminarem uite mee spacium. Multis est contrarium. Peto quod tibi uidetur litteris mandes. Vale.

Responsio

Vxorem ducere delectabile est atque uita amena, siquis honestam elegerit atque discretam. Sis uero cautus quia tales rare sunt mulieres, et phoenicis instar in lucem prodeunt. Postea penitudini nihil loci est, longa emptio, irreuocabilis tractatio, mihique semper suspecta.

1 ut *om.* VW   14 suspecta: Vale *add.* VW

Vt libros repositos uendere nequit

Posuit apud me N. iudicis libros quosdam officiorum Tullii. Is petiit diligentia procurarem quamprimum uenderem. Nunc nemo est qui non modo non emat, sed ne interroget quidem pro illis. Si quando ad eum uenias, sibi denunciato quod promereri erga te studebo.

Responsio

Non multi dies preterierunt; iudicem conueni ostendique litteras tuas. Proinde uerbis explicaui diligentiam tuam quam habuisti cum libris. Ait enim non minorem gratiam se tibi habere quam si omnes uendidisses. Vale.

5 ne: nec W interroget: interrogat LVW 6 studebo: Vale. *add.* VW

Infirmitas notificatur amico

Deprimor infirmitate multisque incommodis afficior. Certe scio, qui ante in rebus meis gaudebas, nunc te ceu propriis infortuniis dolere. Ita coniunctionem nostram existimo si utrisque nobis communia sunt et secunda et aduersa, nam ut feliciores euentus tibi patefactos splendidiores reputaui, sic quoque aduersos casus leuiores quos nonnunquam retulerim, quod et te facere uehementer exopto. Vale.

Responsio

Infirmitate tua angor certe non minus quam si ipse morbo quodam infestarer. Accipio tamen animum, quod tanti me facis, ut dolorem tuum leuiorem reris mihi cum pro uetusta inter nos dilectione patefactus. Siquid enim senties quo tibi prodessem, et laboribus et rebus presto sum; accersire medicum, aliaque afferre paratus sum promptusque si tibi uidebitur. Vale.

6 ut *scripsit B. Löfstedt*: et LVW 13 cum: eum V 14 patefactus: patefactum V

De infortunio ciuitatis et quod respublica ad improbos delata est

Si intelligas quo in statu sit respublica ciuitatis, nimirum tristaberis, qui non secus ac propriam fortunam eam curasti ut in manibus est improborum, a quibus ruinam sedulo patitur. Ego reuera cum animo repeto eam quondam floridam fuisse et iam prope exitam esse, non satis flere possum temporis huius condicionem.

Illa enim tibi nota esse uolui. Scio enim si tuo consilio quippiam prestare ualeres, nihil obmitteres. Vale.

Responsio

Doleo rempublicam urbis uestre adeo desertam esse, que olim speciosissima erat, ac tristandum est ut ad manus derelictorum peruenit; etenim scio (nisi Deus auertat) nec umquam quieturos donec que superest, ad nihilum ueniat. Nempe si mea opera possem subuenire laboribus, non parcerem. Sentio autem me frustra conari. Quapropter ne quid futurum sit, predicere ualeo. Dii bene prospiciant. Vale.

7 exitam: exitum V   15 quieturos: quieturus LW

De aduentus prestolatione alicuius et epistolis eius

Estimabam te in nundinis esse; iampridem expectabam. Plures rogabam de aduentu tuo, sed nemo certiorem me fecit. Postea quidem litteras tuas prestolabar ut saltem refrigerium suscepissem ex epistola longam post expectationem meam. Haud ignoras quale est negocium nostrum. Nam, si diutius rem differas, ambiguum nutantemque animum mihi facies. Tu quamprimum possis, causam absencie tue exponas admodum precor. Vale.

Responsio

Non res parua me hucusque retinuit. Proposui mihi nundinarium uelle prebere, ac dissentio principis nostri cum marchione intentum meum fefellit. Timui periculum ne forte in spoliatores incidissem. Id egi ut domi torpere opportuit. Dabis ueniam cum causa principi, non mihi, ascribi debeat. Vale.

4 de: dei V   8–9 nutantemque: mutantemque W   15 egi: egit LV

Detentus in nemore a latronibus refert amico

Iter nudiustertius arripui, ac te inuisere expectabam. At cum ocius me in medio nemoris mouerem, euestigio latrones extensis balistis me impetu quodam inuaserunt. Id cum non presenserim, non parum certe perterritus eram, obstupefactus, nec quicquam loqui potui. Per triduum me retinuerunt in uastis locis. Postremo cum satis uisum esset, liberum me abire iubebant. Nam tali incommodo impeditus ad te properare nequiui. Vale.

Responsio

Graui animo ac perturbato legi litteras tuas, quas plane sine fletu meroreque conspicari non poteram. Accidit causa mea quod in latrones atroces incidisti. Tandem uero leticia perfusus quod liberum te abire uoluerunt, amplius te non uocabo, sed propediem tecum fuero. Vale.

4 At: Ac LV

Repatriare uolens scribit pro comite ad alium

Cupio patriam inuisere ac comparare uestitum quo me conseruabo per hiemem. Tediosum est unum solum difficileque ambulare, sed quidem iucundum reputarem cum te comitem uiderem mihique uie consocium. Tu, si eundem habes animum, itineri para. Acceptus fuerit parentibus aduentus tuus, ceterisque familiaribus gratus. Vale.

Responsio

Opportune uenerunt littere tue, quibus mihi fecisti notum quod te oportet uestitus gratia patriam inuisere, nam idem mihi animus est eademque sententia. Quamobrem cum aliis in rebus familiarem te ostendisti, tum in his amicissimum, ego me accingam ut, cum uolueris uiam aggredi, nulla in me mora sit. Vale.

5 sed: si LVW   14 tum: cum W

Conqueritur de paupertate et se ab omnibus derelictum

Depauperatus sum nec quicquam amplius habeo. Qui antea me amabant, iam uicio maxime afficiunt. Omnes quondam amici abscesserunt modo, nec quid facturus sum intelligo. Desperatio mihi proxima est et ante oculos uersatur. Respice periculum meum ut cautior esse in rebus tuis possis. Vale.

Responsio

Noli desperare queso. Accipe animum. Si hodie derelictus es atque oppressus a fortuna, cras sortem senties meliorem. Etiamsi omnes te deserunt amici, ego te nunquam derelinquam. Ac postremo que possessionis mee sunt tibi communicabo. Vale.

De Vngarorum ruina a Turcis perpessa

Etsi infidelium gens in populum Christi sepenumero uictoriam obtinuit, nunquam tamen cruce signati maiorem passi sunt ruinam quam nostro euo. Equidem permultos ipsi Vngaros necarunt qui antehac uictores Turcorum extiterunt. Meror enim quibusuis est accolis quandoquidem simile ipsi periculum uerentur. Hec ut scires uolui et quo in statu intelliges esset ecclesia. Vale.

Responsio

Madefeci litteras fletu meo quibus iam innotuisti ecclesie casum. Opinor profecto Deum nobis irasci cum sponsam roseo eius redemptam sanguine uiolari sinit. Magnitudo scelerum ac hominum prauitas plagam illam meruit, atque uehementer demum timeo ni mortalium uita emendetur, maiorem super nos euenturam correctionis castigationem. Vale.

De obtinendo beneficio et obitu collatoris

Estimabam me adepturum pingue quoddam beneficium, sed quo ego tempore debui collationis gratiam obtinere, princeps Wilhelmus (in cuius manibus uis collationis ipsa steterat) morte preuentus est. Sum itaque uacuus cuiusuis status. Nam si quo tu posses me statu prouidere, rem mihi pergratam faceres, neque unquam abs te acceptabilius quippiam habuissem. Vale.

Responsio

Rogas seruitium tibi subordinarem. Optarem ducis ut collationem obtinuisses non quia difficilis sim erga te promotione mea, sed quoniam paucissimi modo status sunt his qui sacris gaudent congruentes. Ego pro te uigilabo, et quicquid laboribus industriaque efficere possum, nihil omittam. Vale.

12 ut *om.* LV

Narrant mercatores Karolum ducem Burgundie uiuere

Mire rei narrationem audies si uigilanti animo uidere curabis epistolam illam. Venerunt mercatores; Karolum uiuere Burgundie ducem certis signis affirmant. Difficile creditu est, at cum id quamplurimi predicant, ancipitem mihi animum faciunt. Tu autem quid sentias de hac re ad me scribas. Gratissimum mihi erit. Vale.

Responsio

In dubiis rebus quis affirmabit presertim de parte tunc magis ambigua? Scis enim omnium hominum fuisse famam ducem Karolum apud Switenses succubuisse. Neque modo tam credulus sum ut paucis mercatoribus credam. Habes quod de duce Burgundie sentio.

14 sentio: Vale. *add.* VW

Ciuitas in angustiis est propter tirannidem principum

Ciuitas nostra in angustiis est ac timore incredibili. Princeps Cristoferus, Bauarie dux, eam subiugare cupit postulatque iuramentum homagii. Ceterum cum priuilegio hactenus gauisi, studiose resistunt. Magna est principis potestas ac oppidum forte est et populosum. Nec quid euenturum sit intelligo. Siquid possis ad me scribere, curato. Vale.

Responsio

Scribis ad me, "ciuitatis timorem audio." Nec illa sola est huiusce timore aggrauata. Quenam in seculo urbs principes tirannisantes non timet? Spero Deus singulari quadam bonitate prouidebit ne rabidus eorum animus quod cupit ad exitum perducat.

3 ac: *om.* L   timore: timori W   13 Deus: Deo W   15 perducat: Vale. *add.* W

Thesaurus absconditus intimatur

Fuerunt certe qui promulgabant res magnas ac claras res absconditas in Cotenheid. Nec certe aliquem noui unquam qui in his quam tu nemoribus notior fuisset. Cur tamen, dii boni, non occurris fortune? Festina, obsecro, nam pauculis diebus acquires per spacium uite abundans sis.

Responsio

Multorum rumor est aureos quosdam montes fore in Cotenheid, sed neminem adhuc comperi qui in ea ditatus sit. Autumo famam illam popularium esse atque inanem. Fui sepissime in his nemoribus, et tamen cum nihil unquam offendi, nec deinceps illuc proficiscar. Vale.

2 Fuerunt: Querunt LW

Ad fratrem ut patriam petat ac sacerdotium

Cupiunt parentes, optime frater, sacerdotium uelis accedere, et quamprimum se offerret nuncius, rogitabant ad te litteras scriberem. Quo circa precor maiorem in modum patriam petas. Ipsis demum progenitoribus quid tibi cordi sit enodas. Vale.

Responsio

Letus parentum sermo est, perdulcis germane. Opinantur et ipsi quidem in sacerdotio prompta parataque esse omnia, sed longe secus est quam rati sunt. Atque cum eis aliquando exponam cuiusmodi sit et qualis defectus, uili pendunt quod magnopere curandum est. Id agit facitque raro me patriam petere. Vale

6 modum: modo LW

Ad patrem quod frater patriam petere recusat

Iubes, dulcissime parens, primo ex te genito litteris mandem. Curaui id studiosissime, precatusque sum patriam inuisere uelit et sacris se applicare ordinibus, quod magnopere exoptas. Sentio uero ipsum ab hac intentione alienum. Querit enim quasdam circuitionum euasiones quibus se putat tueri. Et cum nihil intelligerem me proficere scriptiuncula mea, uehementer doleo ac scribendi declinabo officium. Vale.

Responsio

Habeo gratias tibi, nate ceteris longe fratribus carior, quod primogenito meo mentem meam plane innotuisti. Certe enim nisi tuam in me quam maximam ego dilectionem concepissem, essem turbatus. Nunc solus es spes gaudiumque uite mee. Vale.

2 petere *om.* W   3 genito: genitor W

Vt Hallonum consuetudo notificetur

Tres anni ferme elapsi sunt cum primum abscessit filius meus ceteris adolescentior. Nec ubi esset a quopiam scire potui. Tandem superuenit uector, qui Hallis ipsum fore predicauit nudumque uidisse in eorum contubernio qui Hallones uocantur. Scribe ad me, obsecro, illorum mores uitamque ut quid cum illo facturus sim premeditari queam.

Responsio

Hallonum rogas conditiones. Nescio qua forma eos depingam cognitionem suscipias. Sunt prope in infimo statu: nudi, abiecti, nigri, et cum eos uideris, apparet quasi Ethiopes uidisse. Ludo insudant in cotis uelut porci quiescunt, mimis deteriores. Hec sunt pauca quibus facile eos cognoscas. Vale.

6 Hallones: Hallonis W 7 premeditari: premeditare LW 14 mimis: mimi W 15 cognoscas: cognosces VW

Pater filium quod Hallo est increpat

Existimabam, fili, te bonis artibus insudare et propediem remeare doctiorem ad patriam. Sed dicunt Hallonem te fore, a quo omnis decor discrecioque et honesta reputatio remota est. Cogita quamprimum patriam petas. Ego te ad statum aliquem decentem tibi conducentem applicabo. Vale.

Responsio

Miraris, pater, et forte indignatione commotus quando me Hallonem intellexisti. Parce, perdulcis genitor, nam hanc uitam experiri uolui, non malicia inductus, sed ut hanc uiuendi tractationem cognitam haberem. Vale.

12 tractationem: tractionem LW

Rex Vngarie indignatur principibus Saxonie

Indignatur rex Vngarie principibus nostris propterea quod extorsam iampridem pecuniam a ciuitatibus contra Turcos cesari porrexerunt qui eum bello afficit. Scripsit enim sanctissimo, nisi et a talibus cessant, Turcos uelle adducere et infandum cristianis damnum inferre. Illo semoto nihil est quod ad te scribere possum.

Responsio

Res abdita erat ciuitatibus et omnino incognita. Opinantur quique eam, ut predicabant, pecuniam pro cristiane religionis fide, et quod magis est, sumus coacti eam distribuere summam. Deo certe committimus, qui omnia aperte habet, cuius culpa id accidit.

13 aperte: aperta VW accidit: Vale. *add.* W

Arreptus apud puellam ad matrimonium compellitur

Nicolai uicini nostri unicus cum quadam ipse arreptus puella. Nudum eum excipiebant e lecto, uulneribusque afficiebant, ac postremo uitam nulla re alia tueri potuit quam ut euestigio duceret in uxorem. Homo est omnibus ferme ingeniosior. Audires, compateris utique quod tam magna est hominum querela. Sis cautus qui amore ardes ne in similem cades foueam. Vale.

Responsio

Turbatus sum plurimum Nicolaum, ingeniosiorem pre omnibus, laqueo mulieris deceptum. Satis amice ammonitione tua me mones. Equidem deinde solertia cauebo ne astutia femine aliquando me decipiat. Vale.

12 mones: moues W

Penitudo derelicti studii

Postergaui studium optimarum artium, et mercature operam dedi. Nunc segregatus a disciplinis nihil est quod mallem quam litterarum gymnasiis incumbere. Noctes diesque torqueor turborque cum considero quid fecerim. Presta, rogo, consilium aliquod rursus ego ad doctrinam redirem. Vale.

Responsio

Quisque primum consilio debet et matura deliberatione pensare, si quid esset facturus, ne qua sequeretur penitudo. Tu uero egisti stolide litterarum artem relinquens; merito doles. Optimum factum est parentibus scribes. Ipsi te ab hoc negotio absoluent atque artibus restituent.

14 restituent: Vale. *add.* W

Veniam petit filius quod studium reliquit

Timende pater, cognosco me peccasse quando philosophie et omnium disciplinarum doctrinam abieci. Gliscenti iam animo redire cupio. Ideo facio rogatam paternitatem tuam auxilio esse uelis atque in eo ipso consentire. Dabo enim operam ut omni conatu sollertiaque semper inherere studio uidear. Vale.

Responsio

Annus abiit; libros ipsorumque tractationem deseruisti, et mercari placuit. Nunc uero declinas, ac cordi est litteras amplecti. Dic, nate perdulcis, quis te coegit disciplinas abiiceres? Sed ne durum te habere diceres parentem, ero auxilio ut doctior in omni studiorum genere euades. Hodie sero est. Cras dicas ad paternos lares me recipiam.

3 doctrinam: doctrinarum W   4 Ideo: Igitur VW   6 omni: omnium W

Epistola suadens ut studium relinquatur

Quid rei est, N., quod per omne spacium dierum tuorum singulos fere libros perlegis? Video te doctum prestantemque scolarem et nihilominus depressus es et infimo quasi in statu. Indocti plusquam tu uenerantur. Linque igitur huiusmodi studium. Surge ocius et montes metallorumque foueas animaduerte, quod cum feceris, ditaberis procul dubio.

Responsio

Virtutes relinquere stolidum est, idque persuadere insipidi. Sum pauper existimatione tua, fateor; mea autem multis regibus ditior. Contentor in paucis; nulla mihi cupido, nullus feruor ad pecunias. Scientiarum cupidus sum, desideroque saluberrimum philosophie splendorem. Noli secus conari; non proficies. Vale.

6 huiusmodi: huiuscemodi VW   11 existimatione: estimatione W

De florenorum accommodatione

Venit ad me Bartoldus. Egit nomine tuo cuidam extraneo, nescio cuias, aliquos aureos accommodarem, isque cum nullas a te attulit litteras, recusaui propterea quod neuter mihi satis erat spectatus. Siquid ex me uelis, litteris significato. Nihil certe denegabo.

Responsio

Magna me tenet ammiratio quod is abs te postulauit pecuniam, quasi hoc meo faceret ex iussu. Equidem nihil penitus de hoc nouerim. Probe facis cum recusas. In eo profecto tuam spectatam intelligo prudentiam. Postea sic habeto ut nemini quicquam propter me facies nisi litteris meis instructus. Vale.

Scribit pro beneficio in arce

Peruenit ad me fama, ut reor, ueraci officium quoddam uacare in arce, fructuosum quidem et pingue. Et cum maxime fueris apud dominum reputationis, neque tibi deneget quicquam, uenio exoraturus tuam iam robustam in me amiciciam ad dictum officium me promouere uelis, quod pro uiribus studebo ingeniique conatu promereri. Vale.

Responsio

Flagitasti quam maxime ad uacans nunc officium te promouerem. Vide primum an curialium molestiam possis ac acerbissimam ferre miseriam. Nam inquietudo magna est et cura pariter intolerabilis quasi. Si uolueris sollicitus esse assiduusque in labore, faciam certe statum illum nanciscaris. Vale.

7 ingeniique: ingenii L   10 Flagitasti: Efflagitasti W   14 in: *om.* LW

Quare uita curialium molesta dicatur

Curialium uitam molestam appellas et miseram uocitas. Ego ita autumabam summam prorsus felicitatem in ea fore. Te oro nunc mihi exponas sollicitudines ipsius et que tales miserie sunt. Deinceps uero me probauero et quid sentiam ad te scribam. Vale.

Responsio

Longus esset sermo prolixaque oratio si iam omnia deberem enodare que in aula principis miseriam inferunt. Satis me dixisse putabo unicum hoc cum exposuero. Nam libertate carebis; raro quiesces, pax nulla, singula laboriosa. Quicquid iusserit princeps feceris, et assidue aulicos canes tibi repugnare reperies.

6 scribam: Vale. om. W   12 Quicquid: Quicquam W

Pro consilio de libro per furtum ablato

Liber meus rhetorice artis sublatus est, et furto quidem amisi. Scio autem huius rei artificem, sed testimonio quodam, ut deberem, probare nequeo. Mihi uero et molestum est et durum eo carere. Si consilio tuo adesses, quo pacto librum ipsum calliditate quadam acquirerem, rem mihi faceres gratissimam. Vale.

Responsio

Petis auxilio sim ut librum amissum et furto quidem acquiras. Iter unum est unaque uia quo potiri ualeas. Nam si quem haberes quocum ipse familiaritatem haberes, huic describeres formam dispositionemque libri, atque is tunc diceret, "Certe, liber iste Arnoldi est." Posthac iure et cum satis magna cautela ab eo postulares. Vale.

15 Vale *om.* VW

De inconstantia adolescentis

Venit ad me frater meus minor natu. Is scolas frequentauit in Tzwickaw, nec reuerti ad studium intendit. Ceteri omnes pene magnopere commendant particulare istud. At persuadere nequeo ut ad studium rursus sese reciperet. Cupio ex te intelligere, perdulcis amice, siquid notum tibi esset apertumque quamobrem recessit. Mihi innotesces quod omni obsequio erga te promerebor. Vale.

Responsio

Multa essent dicenda de inconstantia multorum scolarium, sed unum id censeo, quod flocci faciunt bonarum artium disciplinam, et quicquid rectores eorum preceptoresque laudant, ipsi recusant, quod ad interitum postremo reducit. Illa sunt paucula quibus scire possis ac plane intelligere unde exortum sit quo plerique seducuntur. Vale.

16 Vale: *om.* VW

Nunc preciores libri quam quondam habentur

Recitatione quadam innotuit singularis necessarius meus, Franciscus Arnoldi, scolares iam tam preciosos habere libros et exercicia quales nec unquam nos habuimus. Nunc longa me tenet ammiratio quod illo tempore hisce cum lectionibus minus sciant atque noscunt quam antehac. Siquid tu senties, propediem fac me certiorem. Vale.

Responsio

Copia librorum adest cuiuscumque facultatis. Afferunt impressores multitudinem, et siqua uolumina quondam haud secus ac aurum colebantur, iam in manibus sunt. Non est difficile electam habere inclytamque in omni scientia materiam, sed nemo est qui complectitur amore litterarum artes. Hoc est signum inscios esse ignarosque et quasi debacchantes scholarium cateruas. Vale.

16 cateruas: cateruam W

An uenit antichristus

Certi sunt ex theologorum turba qui antichristum natum esse affirmant, eumque dicunt Machummetum fuisse. At ego crediderim nasciturum, quod permulti sacris in sermonibus exclamant. Scribe ad me, queso, quam tu de hac quidem re opinionem habes.

Responsio

Probabile est antichristum fuisse. Nam multa ex signis scripturisque magna ratione sibi possunt attribui, et ecclesia spurcicia sua non parum est diminuta et ad nihilum redacta. Membrum utique ingens eius est. Sic reor et opinionem meam de ipso habes. Vale.

6 habes: Vale add. W

Per frequentiam ludi taxillorum aliquis diffamatur

Diffamatus es. Singuli de te loquuntur propterea quod ludo insistis, quondam laudatus propter eximium litterarum amorem, nunc datus uicio ex frequentia taxillorum cursus. Nec habitam assequeris laudem ni opera summoque labore uirtutibus insudes, et tibi reconciliabis parentes, in quorum iamdudum fuisti indignatione. Vale.

Responsio

Audio iam rumorem de me sinistrum exortum parentesque indignari, de quo profecto admodum doleo. At si interdum luserim, non tamen putabam facile citoque famam diuulgari. Faciam deinceps ne unquam in ludo compertus fuero. Vale.

1 diffamatur: infamatur VW 3 laudatus: ludatus W

Ad primicias celebrandas inuitatio

Ordinatus sum, accepique sacros caracteres illos quibus sacerdotalis dignitas perficitur. Prope est, primitias celebrabo. Et cum plerosque rogatos uelim amicos meos, tum in primis presentiam tuam exopto. Tu si tantisper complacere mihi studebis, nihil est quod amplius ex te uelim. Vale.

Responsio

Gratulor nunc apprime quod diuinos illos consecutus es ordines. Etsi ceteris plurimum placere uolui, maxime autem societati tue sic me accingam ut gaudio tuo ac festiuitati huiuscemodi non defuero. Vale.

5 Tu si: Si tu L 12 Vale *om.* W

De spoliatione necnon interfectione a latronibus

Scripsi ad te semper iucunda, quibus et tu hilarior et nos iucundiores facti simus. Nunc rem notifico lamentatione plenam. Scio equidem, cum expressero, te tristari. Nam Petrus Reinhardi amicissimus utrisque nobis spoliatus est et a latronibus interfectus. Scis quantus erat in re et priuata et publica. Tantus quippe meror omnibus est ut, cum audires, non posses non maxime dolere. At qualis mihi iam animus sit, scies ex ea qua copulati fuimus amicicia. Vale.

Responsio

Rem dolendam ad me scribis, nam cum Petrus Reinhardi hominum fuerit iustissimus ac pene utilissimus tum amicis, tum uero ciuitati, quos temperet a lacrimis, unum tamen nobis est remedium, quod ipse quoque iustus erat, et ad Deum peruenire ipsa existimatio est. Tu etiam, cum prudens sis, existimationem non pretereas. Vale.

3 simus: sumus LV 13 Reinhardi: Arnoldi W 14 quos: quis VW

Narrans aliquem se incolumem a latronibus euasisse

Turbatus eram uehementer et non ad minorem concitatus tristitiam quam si ego passus fuissem damnum ipsumque infortunium. Nunc letor propterea quod amicus noster saluus incolumisque euasit. Neque ignoro, ut ante lamentatione affectus, ita et nunc gaudere. Atque propediem tecum fuerit, ut oculis conspicari poteris. Vale.

Responsio

Quanta concitatus fuerim hilaritate quando Petrum N. saluum intellexi, nullis reuera possem uel uerbis explicare uel sermone. At quod me uisitabit, facit quidem amicicia nostra, antehac que firma erat et quasi uinculum quoddam indissolubile. Etiam pro illo nuncio gratiam tibi habeo amplissimam. Vale.

Humilis quidam factus consiliarius principis

Non te fugit quo fuit in statu Heinricus Florigal et quam humili genere natus sit. En consiliarius principis est, ceteris fere potentior omnibus. Credo equidem sidus ipsum habere prosperum uel exquisite fore uirtutis. Quid autem tu sentias ad me scribito. Vale.

Responsio

Noli ammirari quod Florigal ceteris prefertur. Etiam nunc ortus humilis impedimento sibi et obstaculo esse nequit. Omnium certe est eloquentissimus, nec ullum ego credo donum a diis immortalibus datum quod magis quam elocutio promouet. Vale.

5 exquisite: acquisite W

Eloquentia operatur ut ceteris quis prefertur

Bene sentis, amplissime fautor, de eloquentia. Nudiustertius ego in principis curia ac demum inuestigare cepi conditionem fortunamque Florigalis. Omnes uno ore eademque sententia depromsere facundiam ipsum promouisse. Nunc nihil tantopere mihi cordi est quam studium eloquentie. Spero quod et tu itidem facies. Vale.

Responsio

Eloquentie studio aiis aliquem promoueri; iamdudum id quidem et sciui et probaui. Sed gaudeo te experientia noscere quod mihi credere antea uix uoluisti. Quamobrem si consilium meum sequeris, nihil diligentius curas quam in dissertionis studio proficere. Vale.

6 cordi: corde LW   7 facies: Vale *om.* W   13 dissertionis: discretionis W   proficere: Vale *om.* W

Inuitatio amici ad conuiuium peragendum

Placuit nonnullis amicis meis conuiuii quandam celebrationem habere in qua una conueniremus. Tu cum abesses, rogabant litteras ad te scriberem quibus certior fieres. Volo igitur litterulis his te precatum presentia tua diem decorari istam uelis, pro quo et ipsi, pariter ego, in quouis erimus parati negocio tuo. Vale.

Responsio

Pergratum mihi est constitui uobiscum, et acceptum in conuiuio sepenumero expetebam huiuscemodi diem. Faciam ut eo quidem tempore presens fuero, ac pro tali munere ad quoduis obsequium tuum promptissimum me reddam. Vale.

Vtrum curia romana propter beneficia sit uisitanda

Fuit mecum Vdalricus Hayner. Magna ille inducere iam ratione conatus est curiam romanam ingrederer propter nanciscendum beneficium aliquod. Nam facile est, inquit, pauperes apud cardinales ceterosque prelatos emergere. Sed nondum deliberaui quid facturus sim, itaque in dubio est animus. Volo uero uti consilio tuo, nam si tibi uidetur, fac me certiorem. Quamprimum me parabo, neque ullam suscipiam in me moram. Vale.

Responsio

Difficile est suadere curiam ingrediaris tametsi quamplurimi adipiscantur beneficia et fructifera et pinguia, nam complexio tua tenera est et fragilis. Si te illuc recipias, cum aer uenenosus sit tibique repugnans, febris presto est et omnis fere infirmitatis morbus. An tibi faciendum sit ex his dinoscere possis. Vale.

10 Vale. *om.* W   17 Vale. *om.* W

De pestis abundantia

Recepi me ad Goerlitz, coniunctissime fautor; estimabam insudare bonis artibus, ut consuluisti. Nunc superuenit pestis. Omne studium annihilatum est et pene dissipatum. Scolares recedunt, aufugit ipse rector, et non minus morbum ego timeo quam ipsi. Rogo propter uetustum inter nos amorem ad me scribas quid facere debeam. Vale.

Responsio

Satis apud nos diuulgatum est, mi Iohannes, pestem iam Goerlitzenses perturbasse, at ut petis consilium unicum, patriam petas. Nam effugere possumus interdum morbum infirmitatemque illam. Si uero ipsam illam Deus amoueat plagam, possis reuerti. Vale.

Pater filio scribit ut se ad uniuersitatem recipiat

Plebanus noster, uir magne modestie, fili optime, conuenit me, ac inter conferendum persuasit tibi auxilio sim ad uniuersitatem. Veni ocius atque nunc magna festinatione. Relinque studium in quo iam moraris et quod te ad altiora non leuat. Pecunia presto est quam creberrime desiderasti. Vale.

Responsio

Habeo gratiam permagnam plebano nostro, qui curare commodum meum maximopere dignatus est, tum in primis paternitati tue, qui uerbis eius fidem adhibuisti, ac deinde profectum meum uehementer cupis. Petam nunc patriam, et uniuersitatem ingredi festinabo.

11 qui: que W; quo L

Conqueruntur Erfordenses quod ab hostibus uexantur

Conqueruntur qui Erfordiam incolunt damnum suscipere non paruum, propterea quod omnes occlusi sunt uiarum aditus. Nam circundati sunt undique ab hostibus inimicisque eorum, et nisi gratiam apud principes inuenient, subsistere diutius non poterint. Velim siquid haberes Erfordie quantotius amoueres, ne litigium augeretur, et iter ad oppidum forte deinceps non pateret. Vale.

Responsio

Quia est ammonitio tua et ego firmam in me ex ea cognosco amiciciam tuam, quamprimum perlegi litteras tuas, misi libertum meum ad Erfordiam res meas afferret, ne incommodum incurrerem. Si intelligerem unquam aliquid in quo futura tibi esset utilitas mea, haud aliter uigilarem quam si de rebus meis agerem. Vale.

14 futura: futuro   mea *om.* W

Quidam ingrediens in curiam Romanam nihil obtinuit

Post multas quondam persuasiones petii curiam acquirendi beneficii causa. Sed incassum labor iste defluit, nam tot tanteque modo occupationes sanctissimi sunt cardinaliumque omnium reliquorum, etiam qui huiuscemodi habent conferre beneficia, ut nemo apud eos quicquam consequi potest. Ita demum consumpta pecunia mea reuersus sum, satis magno cum incommodo meo. Vale.

Responsio

Multum enim turbatus sum te nihil in curia acquisiuisse. Peto tamen ad me eas scribas occupationes quibus sanctissimus iam tantopere occupatus est, quibus cardinales etiam ac ceteri qui ecclesie sunt columne aggrauati, in quo gratissimum mihi feceris.

1 Quidam: Quidem W 3 multas: multos W 4 acquirendi: acquirendo W

Occupationes quibus sanctissimus aggrauatus est

Petis ad te scribam occupationes quibus aggrauatus sanctissimus est. Longum profecto essem sermonem facturus si ordine quodam enarrare uellem. Scito tamen hoc unum quod rex de Neapoli eum impugnat, ingentemque contra ipsum duxit exercitum. Neque urbem exire audet pontifex, et quod periculosius est, Romani ab omnibus eius dissentiunt sententiis. Vale.

Responsio

Cum magna audiui animi perturbatione summum pontificem et regem de Neapoli dissidere. Verendum est maxime periculum ne aliquod subeat ecclesia, et tam magnorum principum discordiam Deus bene uertat, hancque amoueat plagam a fidelibus.

3 essem: esset W 4 quodam: quedam W 12 et: ex VW 14 fidelibus: Vale *add.* W

Liber repertus est apud quendam qui erat amissus

Retulit mihi C. Marcus apud te uidisse librum quendam rhetorice quem ego iam quidem perdiderim. Is scripsit mihi singulas dispositiones eius. Te (qui magna mihi copulatus es amicicia) precor librum prestare uelis, etiamsi quodam in loco forte inuenisses. Quod si recusaueris, te iure conueniam. Vale.

Responsio

Habeo librum tuum rhetorice discipline. Non inueni ut existimas, sed libertus meus, qui nomine meo te rogatum pro ipso faceret, cepit te absente. Nam cum abesses, opinatus est tantam nostram esse coniunctionem ac amiciciam quod nullam inde conciperes iram. Rogo uero te qua possum diligentia irasci mihi nullatenus uelis, quod promereri in dies curabo. Vale.

12 abesses: adesses W

Excusatio quod de exili scribit materia

Nescio quid semper scribam, cum nihil habeam quod tibi hilaritatem prestare possit. Vereor autem de rebus exilibus ac minus conferentibus ad te scribere. Verum si tam auidus et cupidus es litterarum mearum, cum non preclara mihi sint, humilia tunc et prorsus uelis nota audire. Paucis significabis; semper ad te litteris mandabo. Vale.

Responsio

Iam ardeo litteras tuas, et prosequor tanto amore ut ne satiari quidem ualeo. Etsi magnarum semper rerum gesta non occurrunt, accipe mediocria. Non semper in arduis rebus uersamur. Remissum habere animum decet ex quibus reuera non parum amiciciam nostram augebis. Vale.

10 Iam: Nam W

Congaudet amico magisterii gradum adepto

Gratulor uehementer, modestissime fautor, te post longum studii laborem adeptum esse magisterii statum. Neque iam ullo possem sermone comprehendere quanto gaudio suscepi, cum necessarius tuus nuncium illud ad me detulit, et nomine tuo me ualere iussit. Et siquid etiam tui gratia precepisset, cupido animo perfecissem. Vale.

Responsio

Te gratulari mihi sane percepi, neque in hac tantum re, uerum etiam in omnibus, queque sunt, aliis de me sic habeto quod propter auctam nostram ab ineunte etate amiciciam et nunc roboratam quidem, cum fortuna se offerret, prodesse possem in tua utilitate non minus quam res meas prouiderem. Vale.

3 studii: tui *add.* W   9 Te gratulari: Regratulari W

Correptio de obscuris et intricatis epistolis

Perlegi litteras tuas in quibus estimabam me iucunditatem aliquam reperire. Sed cum obscure fuerunt intricateque et tam longe orationes ut non solum eas non intelligerem, uerum etiam tedium inde concepi, fac claris litteris ad me scribas, et ego tibi respondebo.

Responsio

Reprehendis me propter longas intricatasque litteras, de quo non parum miror. Nam preceptores ipsi mei hoc edocuerunt me modo quanto possem rariores prolixioresque facere orationes, tanto profecto dictamen esset ornatius. Cum uero uiciosum est et ego tuum modum libens sequar.

4 eas: eam LVW   6 respondebo: Vale *add.* W   11 possem: possent W

Ad amicum de euasione iuuenis ut eum perquirat

Nosti iuuenem meum Iohannem. Is ceteris erat plerumque studiosior, neque facile tibi edicam quantum laboris litteris impenderet. Iam euasit; nemo scire potest quo peruenerit. Age; si ipsum comperies, cura tecum permaneret quoad ego resciscerem. Quod certe quouis promereri obsequio uolo. Vale.

Responsio

In nundinis Liptzensibus occursum dedit mihi iuuenis tuus. Benigne eum alloquebar. Rogaui ut ad me diuerteret, sed renunciauit. Ait enim se missum esse ignoro quo in negocio, uerum paucos post dies promisit mecum uelle constitui. Quod cum accidit, tibi scribam ad me uenias.

7 Vale *om.* W

Petit subsidium ut inimicos possit compescere

Habeo inimicicias et quidem magnas. Institui uero eos qui mihi insidiantur gladio uelle compescere ac efficere ut plane sciam hanc ipsam causam propter quam mihi insidiantur. Facio te iam precatum ut aduenias, et in hac re assistas presidiumque prestes contra inimicos meos. Id certe promereri uelim. Vale.

Responsio

Arduum est gladio uincere; uincitur quoque gladio qui ferro pugnat. Scribas ad me causam unde talis exorta sit inimicicia, deinde uidebo an ratione possit haberi remedium aliquid et fieri amice compositio. Sin non potest, ueniam ad te. Vbi necesse fuerit, presidium prestabo. Vale.

4 sciam *B. Löfstedt*: sciant LVW 14 prestabo: Vale *add.* W

Notificat inimicicie causam

Hec causa est propter quam inter nos capitalis iam orta est inimicicia. Nam cum aliquando relaxandi animi gratia in plateis spaciarer, clamoribus suis me infestarunt, ullulando deriserunt, fatuo me compararunt. Institui equidem importunitatem illam ulcisci. Hec ratio est quam postulas. Vale.

Responsio

Res parua est et exigua inter uos, et, ut uerum fateor, neque lanam ualet caprinam. Te iam moneo abstinere uelis parumper ab iracundia. Non remote est ad te ueniam. Spero me hanc bene uestram intercipere disceptionem. Vale.

5 me *om.* VW 10 fateor: fatear W

Significat nouam iam exortam peregrinationem

Exorta est peregrinatio quedam in Nicklasshausen. Ferunt enim tam clara tamque magna ibi esse beate Virginis signa ut maiora his mirabilia nunquam audita sunt. Currunt impetu quodam quasi furentes et adulti et iuuenes. Velim tibi cordi esset simul proficiscendi intentio ut ego una tecum ingrediar uiam. Vale.

Responsio

Video multos currere qui Nicklasshausen petunt. Sed homines sunt imperiti rerum creduli, quibus minime credendum reor. Exclamant quamplurima signa ac miracula, et nullum probatum est. Equidem noli me uie exponere ne forsitan stoliditatem aliorum incurrerem. Vale.

5 furentes: furientes L 7 ut: et LVW 11 ac *om.* W 12 noli: nolo LV

Laudatur quis quod non facile fidem adhibet

Probe sensisti de peregrinatione in Nicklasshausen, et quamquam primum mihi intolerabile erat quod eam flocci faceres, iam autem uehementer approbo. Nam sapientiores, quibus constat, prohibent, dicunt, publiceque exclamant nullum factum esse miraculum, uerum deceptionem esse et rudem populum oberrare. Vale.

Responsio

Non nouum apud me est eos esse delusos qui Nicklasshausen uisitarunt, at uehementius miror quod populus tam parue rationis est ut opilioni in timpano ludenti fidem adhibuit in his presertim que articulos tangunt fidei. Ego sic mecum institui ut non his sermonibus sed doctis crederem hominibus. Vale.

14 Vale *om.* VW

Ad amicum scribit an fratrem uulneratum cupiat uidere

Frater tuus uulneratus est, nam pridie cum nocturno tempore in plateis spaciaretur, a laicis quibusdam tam enormiter lesus ut teste scissura aperta ruinam senties capitis eius. Igitur si eum uiuentem exoptas uidere, matura cursum ne priusquam uenias, hominum e uita discedat. Vale.

Responsio

Quod mihi scribis periculum fratris mei semper timebam. Nullo enim unquam modo potui tantopere sibi inhibere quin in plateis ad medium usque noctis esse uoluerit. Festinabo tamen ut, mox affuero, ipsum unum, priusquam moriatur, conspicere queam. Vale.

5 aperta: aperte LVW

Ad amicum ut manifestet germani sui uulneratores

Egisti Liptzk uitam quando frater meus minor natu ad necem usque uulneratus est. Itaque et eos nosti qui mali huius auctores fuerunt. Te oro eos manifestare uelis ut ei pro illiusmodi satis faciant et scandalo et lesione, et pro ea beniuolentia tua obnixe omnia facturus sum que tibi placuerint. Vale.

Responsio

Scio equidem factiosos illos qui germanum tuum leserunt, sed uereor, etiamsi manifestauero, ne ipsi negaturi sint, et proinde inimicicia mihi oriatur. Volo tamen precibus tuis condescendere, illi enim sunt in ea culpa: Iohannes, Iacobus, et Andreas, nec aliquos alios in tua retineas suspicione. Vale.

7 facturus: factura W   14 Iacobus: Petrus W   Andreas: Arnoldus W

Quod factiosos iure conuenit

Conueni illos iure qui in fratrem meum conspirationem habuerunt ac tantum uerberibus affecerunt. Primum negauerunt, postea demum, quando aperte intellexerunt allaturum me testimonium, confessi sunt, et extorsi ab ipsis satis magnam pecuniam. Nolui parcere ne deinde maiorem forte haberent ad peccandum licentiam. Vale.

Responsio

Te extorsisse ab illis pecuniam qui ledebant fratrem tuum gaudeo, nam iusticia petit, et preterea maxime faciendum erat, ne etiam alios sumpta occasione facile tanto impetu ac furore inuaderent. Gratum mihi est quod ad me scripsisti. Vale.

13 furore: furorem W

Ad amicum quod pater eius factus est magister ciuium

Etsi ante de rebus mediocribus ad te scripsi, que paruam tibi attulerunt leticiam, gaudium certe magnum mihi est iam litteras efficere e quibus summam animi reciperes hilaritatem. Quippe significatum a multis est patrem tuum esse adeptum hunc magistratum quod ceteris presit. Gaudebam plurimum tum propter summam eius uirtutem, ne ipsa semper inculta quidem maneret, tum quod mihi a puericia precipuus fuisti amicus. Vale.

Responsio

Habeo gratias tibi magnas quod mihi iam significasti patrem meum consecutum magistratus apicem. Velim certe contrarium audire, nam cure ingentes sunt et labor pene intolerabilis, uerum pio animo effecisti. Ideo pro ea re unquam prodesse si potero, diligentissime exequar.

8 tum *om.* W 9 maneret: manere W 17 exequar: Vale *add.* W

Ad quendam ut carmina sibi amena dirigat

Scio te esse in eo loco ubi frequentia concinentur carmina figuratiui cantus dulcissima. Maxime autem cordi mihi est ea studio amplecti. Erit uero gratissimum si qua mihi deleges amenitatem quandam in se habentia, atque ego, ut primum potero, in obsequio tuo non lentescam. Vale.

Responsio

Statuisti, ut audio, te uelle nimium studiosum prebere carminum musicalium. Velim potius ceteris artibus studeres, nam hec una, quam musicam mensurabilem uocas, scientia adolescentibus prodest, fateor, uiris parum, senibus nihil. Alie uero doctrine conferunt antiquitati senesque uenerabiliores faciunt. Vale.

5 quandam: quondam W   13 parum: paruum W   14 Vale *om.* W

Commendatio carminum figuratiui cantus

Magna diligentia curaui in musicalibus quidem proprietatibus exercitatior euaderem. Tu dissuades quod ammiratione quadam suscipio. Responde ad unum, queso. Nonne concentus ipse quemuis solet non mediocriter promouere, ac demum pauperes ipsos atque inopes sublimare? Id cum abs te intelligam, quam uehementissime rationem tuam probabo. Vale.

Responsio

Si auscultare uelis attentioribusque auribus percipere intentum meum, amouerem iam abs te omnem ambiguitatem. Equidem non redarguo disciplinam quam ueteres musicam appellant, sed nimium studium, ita ut locus melioribus non reseruetur. Id enim si accidit, reprehensione et quidem maxima dignum est. Vale.

2 curaui: curam W   4 quadam: quedam W

Musicalibus non nimium est insistendum

Conspicatus sum epistolam tuam quam partim probo, in eo quod locus melioribus obseruari debeat, partim plane non intelligo, nam quo pacto certe nunc ignoro fiat. Aperias, precor, ita reseratione quadam ut apprehendere possim, et in hac re te unum sequar.

Responsio

Quamplurimos uides adolescentes qui ita sunt instituti ut nihil preter quam huiuscemodi carmina amore ac studio prosequuntur. Negligunt pene ac flocci faciunt omnem aliam doctrinam. Tu sic addiscas, moneo, altera coniuncta sit alteri scientie, non ut propter unius dilectionem reliquam transgrediaris. Vale.

Ad scolarem ut sibi notificat actus scole

Gaudebam plurimum quando in Goerlitz te scolas frequentare intellexeram. Locus famatus est, et in dies magis ac magis a pluribus laudatur. Te oro, amicissime N., fac me certiorem unis litteris qui actus uestri sunt et lectiones et exercicia, et quas uos scientias pre aliis diligitis. Quod cum feceris, rem habeo abs te gratissimam. Vale.

Responsio

Petis uehementer actus scole illius manifestare. Facio libens, nam in dialecticis Porphirium et *cathegorias* Aristotelis elegimus, in prima philosophia subtilissimi Iohannis Scoti *distinctiones*, quas *formalitates* nuncupatis, in studio autem humanitatis *bucolica* Virgilii Seruiumque interpretem eius. Hec sunt quae scire uoluisti. Vale.

5 qui V: quo LW 6 pre: pro W

Ammiratio de tam altis lectionibus in particulari

Quamprimum legi litteras tuas stupefactus pre ammiratione, nam inauditum est ita altas et preclaras exercere lectiones et actus in particularibus. Indicabam magistro meo epistolam tuam; non minus ipse quam ego ammiratus, nec scire possumus quem Seruium appellas. Cuius ille liber sit facultatis expone, et in nullo iam plus officium tuum requiram. Vale.

Responsio

Ammiraris de re exigua et minime miranda. Satis tamen faciam petitioni tue, nam Seruius grammaticus et inter alios excellentior est, etenim interpres Virgilii fidelis. Nunc autem ex te intelligere uelim qui tamen uestri sunt et actus et lectiones, que mihi si nunc innotescas, non minus rem gratam feceris. Vale.

5 lectiones et *om.* W

Postulat contra sibi ut pandat actus scole sue

Postulas actus scole nostre; nam pueriles sunt. Siquidem figuras Donati habemus pariter *Verborum Composita* ac in logicis *Paruulum*. Hoc studium nostrum est, hec mentis agitatio. Vale.

Responsio

Credideram te profectum etate et deposuisse iam puericiam. Quid moraris in ipso illo prodio quod te in dies stulciorem reddit? En plures coetanii tui in baccalarios magistrosque promoti sunt. Tractatio hec puerorum est. Vide ne diutius manseris uel nunquam ad altiora conscendes. Vale.

Putat alia non posse intelligere sine fundamento

Vis enim studium meum esse prodium, dissuades quoque me morari in eo diutius. At magistrum meum consului cuius omnino est sententia ne ab ipso discedam. Nullos posse, inquit, ad grauiora peruenire nisi hec lucide intellexerint. Tamen super hac re maxime expeto consilium tuum.

Responsio

Quisque laudat tractationem suam, sic Terentianus Gnato assentationem. Quere ab aliis consilium qui experientiam habent. Hii profecto aliter suadent, et longe e uerbis illis dissentiunt. Ratio mihi habenda est. Plus doctiores quam ego hanc rem tibi exponent.

11–12 consilium qui experientiam: qui consilium experientia W   12 e: a VW

Noua desuper abundantia pestis

Voluisti ad te noua scriberem etiamsi non semper iocunda essent. Facio itaque, nam fuisti interdum in Tridentina ciuitate. Hec, inquam, tanto pestis impetu aggrauata ut in urbe illa hominem amplius non uideres. Vale.

Responsio

Rem narras horrore plenam que non parum me perterrefacit. Equidem timendum est ne plaga illa nos similiter inuadat. Deus auertat, in cuius manu sunt omnia. Ad hanc rem nihil consultius autumo quam quod Deum quisque deprecetur propitius nobis sit. Vale.

Contentio duorum qui diuersos principes laudarunt

Petrum Ruperti et Wilhelmum iudicis probe nouisti. Inter eos enim exortum est litigium et magna inimicicia, qui ante coniunctissime uixerant. Nam alter duces Saxonie, alter marchionem pluris esse predicauit, et quisque alteri repugnauit donec uerberum impetus et capillorum inuolutio sequeretur. Volui ut hec scires.

Responsio

Illos litigasse pro eo quod nihil conducit stulticie signum est. Etenim, si uterque uictoriam obtinuisset, nec melior esset uicto aut prestantior uictor ipse. Rogo, ut illi uerberibus decertabant, tu litteris mecum de ea re contendas, non ut aliqua inter nos nascatur ira, sed potius ut tanto latius scribendi stilum apprehendamus. Extollas unum uolo, alterum ego commendabo, quo mihi placitam rem ages. Vale.

13–14 contendas: contendere V

Contentio duorum per epistolas qui diuersos principes commendant

Iubes ad te scribam. Pluris faciam aut marchionem aut duces Saxonie ut scribendi copia amplior sit faciam. Sed Albertum, qui marchie imperat, excellentiorem predico et famosiorem, propterea quod bellicosus est et peritus multarum rerum. Duces autem Saxonie parum uel nihil de bellis sciunt. Proinde est hunc esse sollertiorem. Quid tu senties significato.

Responsio

Tu laudas bellicum strepitum in duce Brandeburgensi. Et hac de causa preferri putas eum his qui Misne presunt. At ego aliter quod pax ipsa et tranquillitas magnificentior sit quam lites discordiamque spargere. Scitum uero est principes, quos ego commendo, omnia facere matura deliberatione et non inconsulta celeritate. Clamabo ego, "Arma cedant toge, concedat laurea lingue."

17 cf. Cicero, *De officiis*, 1.22.77, "Cedant arma togae, concedat laurea laudi."

3 Iubes: Nubes L   Pluris: Pluries L   9 significato: Vale *add.* VW

Ad amicum quod omnibus in rebus tedium habet

Habeo tedium uehementer, neque bonarum artium plus tractatio iucunda est. Laborare autem nequeo, et redditus nulli sunt. Mendicare non ualeo. Tu rem pergratam ostenderes si quod iter manifestares quo me honeste iam alere possem, et impigrum me haberes in quouis beneplacito tuo. Vale.

Responsio

Cogitaui non parum de conditione tua et institutione tam enormi. Etsi manseris in ea sententia, nihil consultius est quam ingredi Schlabaciam. Hec enim terra omnes desides et tardos nutrit, et quantum plus quisque tepet, tanto ipse felicior est in ea prouincia. Quare te accingas ut quamprimum in eam uenias, et nihil tibi deerit.

Gaudeat quod de miseria eius compatiatur

Gaudeo plurimum quum intellexi quod miserie mee studes inuenire medium aliquod. Deinceps autem precor ad eam quam Schlabaciam appellas uiam indices. Qua demonstrata nihil erit quod me impediet quin uie me exposuero. Vale.

Responsio

Viam tibi indicarem facillime ad Schlabaciam si a labore non abhorreres. Primum te proba an laborum patientissimus sis. Quod cum ad me scribes, dabo operam ut morem tibi geram. Vale.

A puella citatus petit amicum in procuratorem

Citauit me puella quedam, et ut in uxorem ducam deposcit. Dies iudicii adest. Neminem habeo qui procurationem bene expediet, et ipse quidem iuris ignarus. Te igitur, qui magnam periciam iuris habes, precor, mihi astare non recuses, et onus procurandi pro me assumes. Certe efficiam pro ea beneficentia. Nulla me unquam arguet ingratitudo.

Responsio

Cum in negocio magni ponderis, cuius arduitate impedior, ad te nunc uenire nequeo. Scribas tamen que puella sit et que habita sunt uerba. Ero tibi, si ualeo, auxilio, tibique exponam an ius cogat eam ducas, uel contractio ista matrimonium postulat.

8 ingratitudo: Vale *add.* VW

Manifestatur persona et uirginis conditio

Nota tibi est Katherina Arnoldi filia. Ipsa est que ad uitam coniugalem me compellere presumit. Verba autem hec sunt: "Sis mea simque tuus, et sine omni protuli ducendi intentione." Ea propter spero me liberum euasurum. Quid tibi appareat mihi innotesce.

Responsio

Nosco uirginem de qua scribis. Profecto pulchra est et nubilis. Verborum autem seriem obscure scripsisti; nescio an uerba de presenti uel de futuro sunt. In quo uis illa occultatur? In eo iam uno fac me certum, et iuris sententiam enodabo. Vale.

Talia fuerunt uerba matrimonii

Certe de presenti fuit locutio nostra. Ayebam, "Tu mea es quam diligo quamque plus amaturus aliis femineis personis." At hec inquit, "Tu meus es quem amare non desinam." Sed ioco illa referebam. Nullum in mentem incidit matrimonium. Vale.

Responsio

Satis plane intellexi negocium tuum, et non est preter unum iter. Quamprimum ducas ipsam; uerum est matrimonium sacramentumque perfectum. Vide ne sumptum quidem facies magnum, nam prorsus in eo damnaberis. Vale.

8 plane *scripsi* (cf. *EB* 8.11; 109.5; *EM* 166.11; 168.9; 183.5; 200.2; 210.20; 216.21; *EL* 233.21; 25.12): plene LVW

Conquerítur multum quod per puellam deceptus est

Turbor animo quod iuuencula ita me decepit et quod tam acerbum euentum predicis. Quid dicent parentes mei, qui in sacerdotio me esse optabant? Obsecro, siquod remedium inuenires aut euasionem quandam in ea subsidium preberes, id unum pergratum mihi foret. Vale.

Responsio

Perlustraui quamplurima iuris uolumina. Fui diligens an quopiam modo medelam porrigerem, sed non ualeo mentiri; totus processus quorumque codicum pro puella est. Feras patienter et cogita quia plures ex sapientibus coniugati sunt. Vale.

Ad amicum quod ad nuptias est inuitatus

Ad nuptias inuitatus sum et ad uespertinas choreas, habiturus satis magnam esse uoluptatem et quandam animi recreationem. Dissuadent preceptores mei. Aiiunt libidinem me concipere nocituram ex mulierum aspectu. Scio autem te simul inuitatum esse. Peto litteris ad me demandes quid facturus sis. Si proficisceris, et ego; sin manebis, et ego quiescam. Vale.

Responsio

Omnium preceptorum uerba eadem sunt. Suadent precipiuntque multa, ipsique non faciunt. Inhibuit rector meus ne quisquam choream inuiseret. Ego pergam eo nolente. Fac paratus sis die Iouis, tum oculi nostri saturabuntur pulcerrimarum et uirginum et mulierum aspectu, et gaudebimus quasi constituti essemus in paradiso.

6 esse: essem VW 8 Vale *om.* VW

Timet quidam laycorum inimiciciam

Qui paratus omnino crastina die tecum ad nuptias me reciperem, sed tanta est in nos laycorum inimicicia quod a tali nunc uoluptate abhorreo. Malo quiescere integris membris quam gemere uulneratis. Accipe in partem meliorem quod non uenio. Vale.

Responsio

Credulus es omnino, et facillime uerba te deterrent, nam si nobis laiici insidiantur, non tam repente inuadent. Et nos manus habemus et defendicula. Cur faciunt ipsi? Quia plus amamur quam ipsi? In quo displicentiam habent? Veni igitur; omnia tuta sunt et secura, et letabitur cor tuum, et omnia membra exultabunt. Vale.

2 Qui: Fui VW crastina: crastino W 8–9 deterrent: deterreant VW 12 tuta: tua W

Narrat se esse petitum ut quendam sibi reconciliat

Venit ad me Mucius Agellus, atque idem inter loquendum retulit te aduersus ipsum quandam forsitan concepisse iram propter eam quam nuper dissentionem habuisti in collatione. Res sibi grauis est, quod te sibi inimicum scire debeat propter rem minutam prorsusque uilem, et antehac summum semper te amicum existimauit. Fecit me rogatum ipsum tue societati reconciliarem. Non enim iniquo animo quippiam fecisset. Te itaque precor, propter summam inter nos familiaritatem, hanc tuo moueas ex animo iracundiam, et ut ante Agellus noster erat amicus, ita quoque maneat. Nihil est in quo magis mihi complacitum iri posses. Vale.

Responsio

Non parua ira concitatus eram in Agellum propter illota eius uerba, quibus me admodum infestabat. Itaque mihi proposui nullam debere inter nos amplius fieri amiciciam. Sed littere tue quibus pro eo rogas omnem iracundiam ab animo meo depulerunt. Tanta enim tua est apud me autoritas ut existimem aliqua in re tibi non parere nefas esse, quapropter quicquid unquam ex me habere uolueris, efficiam libentissime. Vale.

8 uilem: uelim W 14 Vale *om.* W 17 illota: illata W

Narrat Agellum gratulari quod amico offenso reconciliatus sit

Iampridem mecum erat Agellus, noster familiaris. Ait litteris meis se tibi reconciliatum esse. Tantas mihi habuit gratias quantas edicere nullo possem sermone, atque idem predicat longe maxima in eum tua beneficia post habitam modo reconciliationem, et nullius se dicit scintillam ire prioris in te sentire. Qua tandem re firmam tuam erga me amiciciam et item necessitudinem cognosco, ac numquam te amare desinam.

Responsio

Tibi complacere studui semper, nec illud tibi uel abditum est uel ignotum, et ita de me habeas me Agellum nostrum non modo amare, sed ut amicissimum diligere, et eam que inter nos erat dissentionem omnino ex animo propulsisse. In hac cognoui discordia quanti et te faceret et me similiter, quare te oratum facio eum non minus quam me diligere uelis. Vale.

2 sit: gratulari W

Dolet de incendio amici

Frater tuus minor natu retulit te huiuscemodi suscepisse damnum ut prope cecidissem in desperationem, nam domum tuam inquit periisse incendio. Quod cum audiui non minus commotus eram ac si illud quidem ipsum damnum meis sensissem in rebus. Tu scis quomodo te diligo et quomodo tuum incommodum, uelut si mihi accideret, fero, neque minus etiam tibi uelim presidio esse quam mihi ipsi. Itaque oratum te facio mesticiam illam deponas. Si quem ceperis defectum, ego supplebo. Sunt mihi—diis gratias—tante res familiares utrisque nobis sufficere ualeant, quod, cum feceris, cognosco tuam in me plenam fiduciam. Vale.

Responsio

Turbatus in me erat animus meus propter damnum illud quod ex incendio susceperam, sed postquam littere tue uenerunt huiuscemodi dederunt consolationem ut omnis a me fugit conceptus meror. Tu releuasti cor meum, suauissime amice; tu mentem meam ab omni liberasti tristicia; tu quoque effecisti ut ad animum denique redii, atque hac quidem epistola tua me perpetuo tibi debiturum astrinxisti. Firmam tuam erga me amiciciam cognosco, neque cessabo unquam semperque conabor ut aliquando familiaris, demum officiosus etiam in factis tuis uidear.

15 in me erat: erat in me VW 25 uidear: Vale *add.* VW

Petit ut iuueni hospitium subordinetur

Mi baccalarie, fautor amicissime, te oro presentium ostensorem in prouisionem tuam recipias, ac meo nomine hospitium ei subordinares. Iuuenis est sat boni ingenii, plurimumque eum et dilexi et diligo. Sic enim habeto quicquid ei feceris mihi facis, ac si opportunitas se unquam ingereret ut a me quippiam postulaturus uenires aut tibi complacere possem, certe in tua re, quecunque esset, me studiosissimum uideres. Vale.

Responsio

Postulas iuueni tuo hospitium subordinarem. Faciam libenter, nec opus erat illud a me rogare, tantum certe significare. Sic esse reor confirmatam amiciciam nostram ut alter alterius negocia tanquam sua procurat, atque ideo de me ita cogita uelut coniunctissimo tibi hominum.

4 ei: eius L 14 ut alter: alter ut W 15 uelut: de *add.* W
16 hominum: Vale *add.* VW

Gaudet de fortuna alterius

Optime fautor, gaudeo uehementissime, et plus quam proloqui decet, huiuscemodi fortunam arrisisse. Sed quid fortunam nomino? Scio enim talem iam statum magis a te honoris accepturum quam tu ex eo utilitatis. Vnum tamen precor ne asperneris eos ipsos quos antea complexus es amoris uinculo, et ammota omni dubitatione Deus omnem quem ducis statum fecundet. Vale.

Responsio

Te gaudere scribis de fortuna mea statuque fecundo. Scio equidem te non solum gaudere, uerumetiam plurimum exultare. Ceterum ignoro an sit tam fertilis status ut proclamatus est necne. Qualiscunque tamen sit, iucunditatem mihi affert te gratulari nomine meo, quod et ego in prosperitatibus tuis semper faciam. Vale.

10 Te: Me W

Notificat Albertum Saxonie ducem aduersus Matthiam Vngarie regem arma mouere

Rogasti, germane, et multo studio si quando ad me aliqua et ammiratione digna et auditu deferentur ad te perscriberem. Dedi operam hactenus satis ut facerem desiderio tuo, atque nudiustertius Ethiolus eque mihi et amicicia et propinquitate coniunctus scripserat inclitum principem nostrum, Albertum Saxonie ducem, collum Romano imperio subiecisse onusque illud subiuisse. Vt constantissimum oppidum Neustadt, miris modis Vngaro resistens, e manibus crudelissimis Matiesch possit liberari, colligit exercitum Ratispone. Hec te scire uolui. Vale.

Responsio

Frater amande atque fortuna mea carior, grande facinus ad me scribis, nec minus mihi quam ceteris quibus scriptionis tue copiam legendi feceram horrendum. Audacia est et confidentia mirabilis ducem nostrum precellosum hoc negotium subiuisse. Tu scis quam potens est et bellicosus rex Vngarie, quam impatiens iniuriarum. Si quando offendatur timendum est periculum imminens modo capitibus nostris. Siquidem triumphante rege nec tuta manebit, nec quieta prouincia illa. Hec uerenda sunt certe et que ego plurimum timeo. Vale.

9 Romano imperio *scripsi*: Romani imperii LVW 22 tuta: tua W

Epistola replicans

Depone timorem, frater, atque ad spem te conuerte. Non enim tantus subest timor, neque periculum, nam negocium imperii est plusque Cesarem quam ipsum ducem tangens, neque cum suo populo prelium aliquod ingredietur, sed cum eo quem imperiales urbes ac duces ordinati ad facinus hoc egregium destinabunt. Quas ob res uictoria in manibus est, nec romano imperio Matiesch ille fraudulentus resistet, quod cum fausto omine perficitur, summam laudem princeps illustris consequetur, famaque eius efferetur usque ad sidera. Vale.

In precedentem replica

Perfectum opus magnificabis, serenum probabis uesperi diem, retentum ostendes passerem, ceterum de dubiis nihil definies. Velim profecto ne spes inanis nimium, frater, te extolleret, ut si aduersa acciderent, asperitas eorum et importunitas te non offenderent, nec imperiti rerum uaria loquuntur. Ego autem rumoribus credendum esse non censeo donec res in lucem perducatur.

5 cum *add. B. Löfstedt* 9 omine: omnino W

Rursus in illam replicatio

Dormitat lepus apertis luminibus, pauet in altissimis arborum culminibus auicularum genus, et cancer ex intimis fluuii latibulis sonitu conti pellitur. Sic quoque et tu timorosus in medio formidas Romani imperii. Audi, obsecro, ut clare rem negociumque intelligas. Totum sic fedus contraxit imperium ut si inceptum principis periclitaretur, et principes electores essent et ciuitates imperiales presidio. Quare satis constat nullum se imminere periculum. Vale.

Responsio

Etsi antehac uehementer timebam, suauissime frater, ne dux noster magnificus periculum aliquod subiret, auertisti tamen a me omnem timorem, quandoquidem intellexi rem illam fieri plus ab imperio romano quam a principe nostro. Quare tibi gratiam habeo amplissimam, quod ea ad me scripsisti, et quibus rebus uicissim tibi complacitum iri potero, faciam semper. Vale.

10 Vale *om.* W

Petit ne ad iura applicetur ut in artibus possit manere

Suasit cognatus meus, sacerdos quidam, graui senio confectus, ut non omne tempus et presertim melioris etatis in artibus consumerem. Quamprimum censet, ad iura me applicem in quibus maior est utilitas et fame splendor euenturus. Ego autem, quia ad artes plurimum propensus sum, inuitus studium ipsarum relinquam. Si recalcitrauero, uti fertur, stimulis, quo me presidio in uniuersitate contineo, carebo. Te oratum facio, suauissime fautor, consilium des in negocio illo ut ualerem in artibus manere et non amittere fauorem domini mei, quod omni obsequio libens promerebor. Vale.

Responsio

Petis medium aliquod ut domini posses fauorem retinere. Etiam si iuridice facultati non adheresceres, miror importunitatem petitionis, cum potius nemine instigante iura deberes diligere quam artes. Te oratum facio ut propositum illud abiicias, et cum satis in artibus profeceris, quid sacrum ius poscit uelis conspicere. Fac te obedientem sentiat pater. Hec facies cum iuris equabilitatem cognoscere studes; tum presidia tibi presta sunt fauorque omnium amicorum. Vale.

1 ut *om.* W 3 Suasit: Euasit L 15 Petis: Geris L 22 studes: stude LV

Quod studentes de Hamburgk a comite de Barbe capti sunt

Rogasti sepenumero nouitates, si que mihi forent, ad te perscriberem. Nunc noua in manibus sunt, si ad damnum tendentia eo nuncupantur nomine. Tu nosti Hamburgenses paulo ante in studio nostro constitutos. Hii cum patriam peterent, comes de Barbe in uia illos comprehendit captiuosque in uincula coniecit. Vniuersitas nostra pro ipsis laborat ut libertatem consequerentur. Si quando prosperiora ad me peruenient, similiter ad te scribam.

Responsio

Doleo Hamburgenses captos esse et in uinculis retentos. Etenim magna mihi fuerunt et amicicia coniuncti et in omni tractatione socii. Vtinam uniuersitas aliquod pro salute eorum posset efficere. Te oratum facio quicquid in hac re fiat ad me scribere uelis. Vale.

7 uia: uilla L   15 posset: possit W   16 Vale *om.* VW

Quod omnis labor leuis est ut in Schlabaciam posset ingredi

Facilis erit omnis labor acceptusque quem aggredi pro tali uia deberem. Adeo iam incensus sum amore et laboris huius et prouincie ut uix quidem expectare queo quoad illud demonstrabis quod de hac re noueris. Te nunc uenio deprecaturus id unum non differas, sed prestes manuductionem unam ad terram illam, et te amare nunquam desinam. Vale.

Responsio

Cupis scire quo pacto habes notum iter ad Schlabaciam, et postulas tibi manifestem quo labore ingredi necesse est. En conatus talis si expetis te accingere. Primum oportet quam maxime uespertina hora inebriaris, deinde ut cum cubitum discedas uomitum facies, tum cantarus assit cuius ansa dextera semper teneatur, que cum plena sit de optimo uino, ebrietatem reficiat. Ea in nocte octies ebibas, die uero sequenti cum circiter septimam surrexeris horam, uino utaris sublimato, idque ad triduum continues. Tum te dormiente manifestabitur iter hoc ad locum quem deposcis. Vale.

3 acceptusque: ac acceptusque L   4 uia: uita VW   8 amare: amore W   20 te: de W

Descriptio terre Schlabacie

Dispositionem terre Schlabacie sic intelliges, nam aditus eius difficilis est. Custoditur porta uelut aureum uellus. Est enim circundata muro marmoreo, porta eius enea, et pons quidem aureis pendens catenis. Nisi enim dimittatur, aggressus non patet, nam flumen ingens et profundum circumlabitur. Nemo introibit nisi uocatus; nemo uocabitur nisi ebrietatem per triduum seruauit, atque etiam uomitum uigesies fecerit.

Cum intraueris reperies riuos et lacte et melle fluentes. Lacus omnes piscibus assatis pleni sunt. Aura ueris conditionem perpetuo habet, et arbores uineeque ac fructus deferentes plante autumnum non relinquent. Illic phalernum dulcissimum in copia et, quoquo proficisceris, conspicies sub arboribus paratas mensas, refertas omni cibo ac potu que delectationem pre se ferunt; balnea amenissima, in quibus mulieres uirginesque a uiris non separantur, discrimen nullum, sed cum amata quisque consedit, ac illa, que uisus uoluptatem tactusque afferant, exercet. Hortus prope est ubi balneo dimisso quiesces, in quo crescunt flores pulcerrimi ut si debilitatem concepisses quandam, hii tum colore tum odore reficiunt. Concentus quoque auium quam maxime recreat.

Itaque postremo huius loci a paradisi gaudiis suauitatem differre non dices. Istic est de quo hominum fabule sunt quemlibet tardum pigrumque assum ore pullum arripere, et qui potest diutius dormire, is profecto maior est ceterisque prefertur. Sunt plura alia in hac terra que uoluptatem afferant, sed breuitatis ob amorem dimittam. Vale.

13 plante: plane L 16 delectationem: dilectionem W 19 afferant: afferunt LV

Displicet quo deridetur propter Schlabaciam

Legi omnem quam ad me scripsisti de Schlabacia materiam, nec aliquod inuenio certe quod me derisum non faceret. Scias equidem, si usu nonnunquam uenerit, parem tibi referam et equalem graciam.

Responsio

Irasceris mihi propter Schlabacie descriptionem. An temere feci, obsecro? Quid te parumper deridebam? Nam peticio tua stulta erat. Rem petisti stoliditate plenam, nihil habes in quo es, nec laborare nec litteris dare operam proponis. Abice hanc, precor, demenciam et litteris inherere non desine, tum in maximum cresces uirum. Vale.

13 Vale *om.* W

Quod orationes pro quibus scripserit non misit

Putabam, honorande frater, cum in ceteris esse deberet hominibus concitatio quedam ad deuotionem, tum maxime in religiosis, qui sunt ueluti speculum quoddam aliorum, quo se intueantur ut facilius uitam sanctam consequantur. Sed ignoro quomodo usu uenerit cum tuam in me fraternitatem rogaui orationes. Scis quas mihi impartires, hactenus obtinere non potui. Negligentem te prebuisti, ac etiam fuisti impedimento, quod medio iam tempore eas quidem ipsas orationes, quia non habuerim, minime oraui. Etsi ex ea re quippiam aut delicti ortum sit aut peccati culpa, in te redundet, et pro hac negligentia Deo rationem reddas. Te adhuc facio oratum, propter eximiam quam quisque dilectionem debet habere erga Saluatorem nostrum, quondam memoratas orationes mihi uelis et in breui scriptas mittere. Quas cum orauero, tue singularis in me caritatis non ero immemor. Vale.

Responsio

Accusasti me grauiter, perdulcis frater, quod orationes iam pro quibus scripsisti repente non miserim. Ego te oratum facio eas tu ipsas orationes uelis benigne suscipere a presenti tabellatore, et si antehac quippiam neglectum sit, in ea negligentia precabor ueniam a Saluatore nostro. Tua nunc interest supplere defectum, et si quando oraueris, esse uelis memor fratris tui, quod rursus efficiam libens. Vale.

18 Vale *om.* W

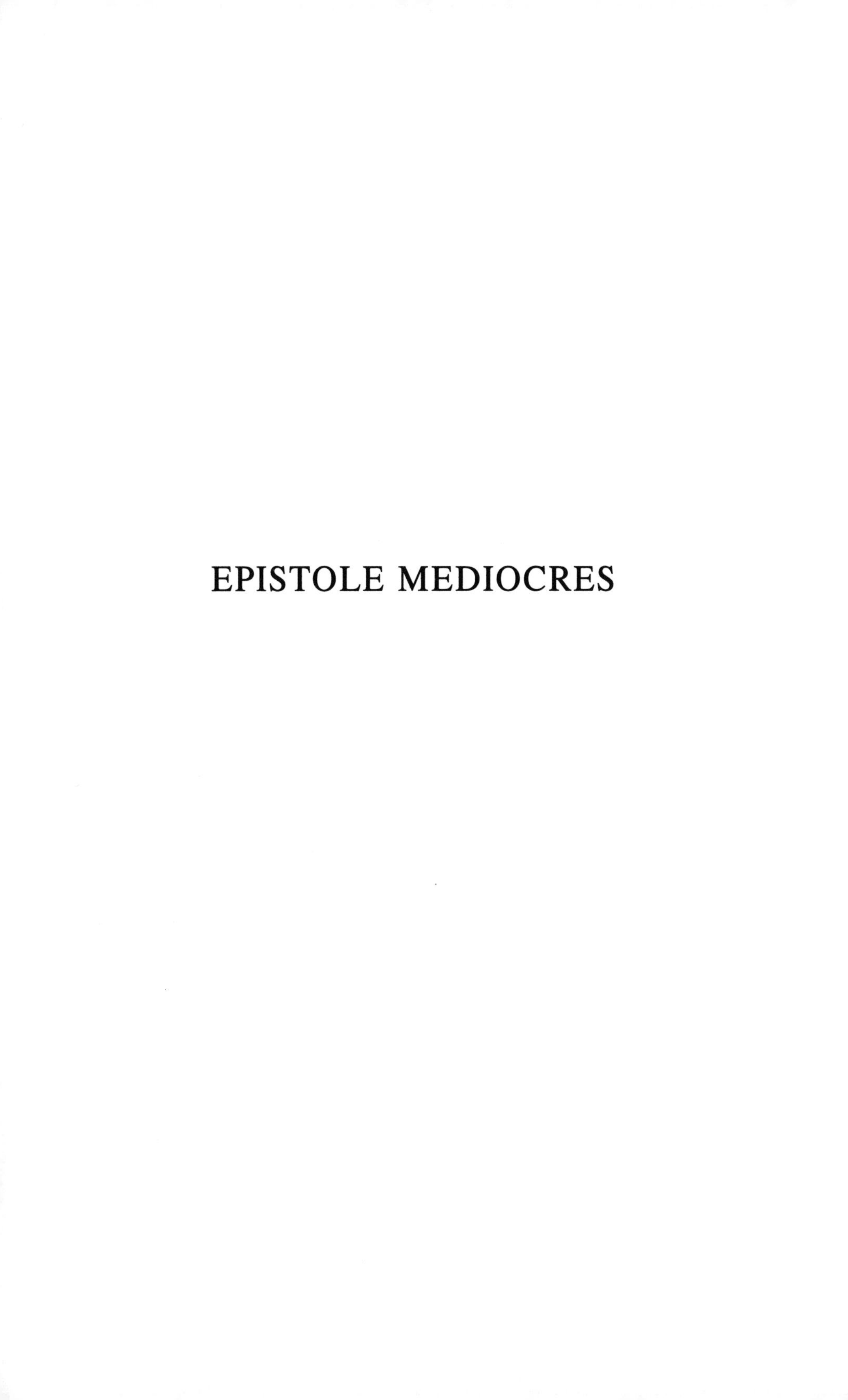

EPISTOLE MEDIOCRES

EDITIONVM SIGLA

K	*Bayerische Staatsbibliothek*, 4° Inc ca 1127 (Hain 11733)
L	*Beinecke Rare Book and Manuscript Library*, Yale University, Zi 2994.3 (Hain 11732)

EPISTOLE MEDIOCRES

Paulus Niauis, arcium magister, uenerando uiro Andree Hubner, archidiacono Tobnensi, commendatorique et plebano in Plawen, domino et fautori suo imprimis colendo salutem plurimam dicit. Pollicitus sum, uir honorande, in epistolis quibus a breuitate nomen inditum, mediocres uelle in medium afferre, in quibus et uerborum copia maior et sentenciarum uis alcior habeatur, ut plane incipientes cognoscant omnem scribendi formam. Id tamen, ut apercius depromam, tum erit cum longiores perscribemus, que interdum aut parum habent aut nullum ab orationibus discrimen; propter res arduas in se claudentes, filum ipsis ascire laxiorem necesse est, de quibus suo loco utilitateque earum commode disputabimus.

Inpresenciarum uero id erit negocii de hiis loqui epistolis que longius aliquanto progresse quam precedentes, minus tamen prolixitatem attingunt. Cuiusmodi sunt quales sepenumero ad familiares propinquosque mittimus, quas usitatiores iam reor ac magis conferre discipulis. Quippe hunc studiosissimus quisque animum pre se fert ut cupide amicis scribit et societate coniunctis si quando nequit coram eosdem alloqui. Fortunam prosperam, siqua gaudet, uel contrarios euentus incommodo affectu mediocritas illa explicat moderacius, ne difficilis uel scribenti fiat labor uel nascatur legenti tedium.

Verum priores ceu exempla sunt iunioribus ad conficiendas epistolas tradita, et conducere sumus arbitrati eo pacto quo Quintilianus, uir disertissimus, declamacionum

22 affectu *scripsit B. Löfstedt*: affectus KL

genera primarum etatum ingeniis tradidit, e quibus nemine dissenciente magnum profectum et prope incredibilem hauserunt omnes fere adolescenciores. Itaque rati sumus nostro euo, quo res omnis minor est minorque uigilancia feruorque ad disciplinas atque erat cum studium humanitatis tanquam deus aliquis de celo demissus colebatur, succinctas perficere et tam breues ut, si breuiores forent, litterarum nomen amitterent. Ea nos induxit opinio quasi debeat breuitas illa ociosos iuuenes tanquam delectacio quedam ad legendum prouocare. Tum comparata consuetudine titillat animum scribendi preceptio, et profuturum uidetur famamque augere amicissimos exquisitis uerbis sapientibusque sentenciis salutare.

Tunc conducunt presentes epistole, quas in negociis quibusdam gerendis confecimus, ac misimus ad eos quoque, quibuscum nobis erat rerum agendarum tractatio, persuasi ea ratione ut, cum uiderint (qui nostra sequuntur uestigia) nos eum obseruasse usum, ipsi et pariter obseruarent. *Non enim parum utilitatis habet in hoc genere imitacio, quamquam per se sufficiens non sit*, et *omnis declamatio minor actione et fictio imperfectior eo a quo mutuata*. Quamobrem ad fastigium scandere uolentes arte utantur, de qua in *Eleganciis* succincte determinatum est.

Hec autem omnia tuo gratissimo optimoque iudicio subiacere uolemus. Vale.

19–20 cf. Quintilian, *Institutio Oratoria*, 10.2.4   20–22 cf. *op.cit.*, 10.2.11

11 animum: animam K   19 utilitatis: utilitas L   22 uolentes *scripsit B. Löfstedt*: uolentibus KL   24 gratissimo: grauissimo L   25 uolemus: uolumus L

Epistola narrans beatum Augustinum Tullium legisse

Quod beatus Augustinus Tullium legit ac inde hausit utilitatem, nulla te habeat ammiratio. Nam hoc fecisse non solum Augustinum reperio uerum etiam doctores omnes quorum doctrina splendet per tempora sempiterna. Qui enim diligenter e quauis re cogunt utilitatem, non secus ac flumina magna e paruis nascentibus riuulis incrementum suscipiunt. Qui autem in prodio (nescio quo) plerumque torpent et eruditissimorum nunquam percipere uolumina conantur, manent per quosque annos ignorantibus persimiles, atque etiam cum illiusmodi tandem fatuitate sepeliuntur. Contra, in claros crescunt uiros famamque consequuntur multorum qui eos autores ceteris proponunt, quos omne euum ad celum usque extollit, et siue seculares sint siue religiosi, qui ad hos sese applicant uiros, quam facillime, dum uolunt, ad uirtutum scandunt culmina.

Narrat displicenciam quam habet quod quidam studium propter scolas et notariatum reliquit

Audio te esse in patria et uoluere scolasticum onus atque etiam preesse notariatui. Nescio quid dicam. An fructum aliquem consequere non satis intelligo. Miror quod uniuersitatem deseruisti. Potuisses profecto scienciarum riuulum degustasse et proxime ad sapienciam accessisse.

8 flumina: fulmina KL 14 famamque: famaque K

Abduxit te, ut autumo, amicus tuus presbiter, qui nullum sequitur pietatis munus. Maxima eius cura est de diuiciis, et facile non saciatur. Item nundinis enim post Pascha celebratis ipsum acerbis alloquebar sermonibus. Plura commemoraui de studio, opera tua, et diligencia, sed nihil profeci. Homo, credo, lapide durior est, neque quicquam ipsum illum efficit sine pecunia mansuetum. Discessit a me subirascens.

Dudum hec tibi scripsissem, si affuisset tabellarius, uerum alienum mihi est quod tam per longum tempus nihil ad me litterarum dedisti. Posses tamen significare et paucis quidem quid animi tui esset propositum. Crede, inquam, si quo pacto valerem tibi esse in rem, perficerem diligentissime. Fac, obsecro, interdum ad me scribas. Id uehementer ad te pertinet siquid in humanitatis cupis studio retinere; et non facile dicam an quippiam sit quod te uel clariorem reddet uel hominibus graciorem. Vale et matrem tuam et sororem saluas esse iubeas.

Rogat ut promotione sua efficiat ut scolas obtineat

Puto te, uir eruditissime atque optime, memorie mandasse qua de re sermonem produximus tum cum spaciabamur nundinis iam proxime Kempnitzensibus elapsis. Nam tuam feci oratam dignitatem, ut siqua foret uacancia scole, presidio mihi foret promocio tua. Promisisti omnia, plura etiam quam postulabam. Nam, si bene memini, dicebas gratum tibi, si apud ecclesiam tuam

3 Item: In L   10 tam per longum: per tam longum L

aliquando essem, et profecto res mihi gratissima cum tali domino gauderem et quasi singularis quedam leticia mihi adueniret. Non dubites quin ita me accingerem quibusque in rebus que uel ad cultum diuinum attinerent uel ad reuerenciam tuam uel etiam ad discipulorum profectum ut complacenciam quandam tua excellencia inde conciperet.

Facio igitur precatum dominationem tuam siquid contingeret aut casus aliquis interueniret ut opera tua non deesses me, quemadmodum mea in te est fiducia, promotum haberes. Fac enim ne frustra sit erga te quam habeo fidem, et quibus ego uiribus ingenii mei obsequentissimum me facere potero, faciam semper, et quibusque in rebus dignitati tue parebo.

Neque egre feras, uir doctissime, quod singulari te numero nuncupo. Tu scis quo pacto maiores nostri excellentissimi, quorum uestigia sequi sanctum est, et honestatem pre se ferre existimantur. Hoc enim a Tullio meo didici, qui sese apud Platonem legisse et ab eo didicisse fatetur. Valeat prestancia tua feliciter.

Scribit ut alter consilium det in re satis ardua

Statui mecum ut in breui apud te essem. Nunc interuenerunt negocia aliqua quibus impeditus efficere non potui. Etiam te spero propediem fore in Liptzk, nam habeo causam quandam, que difficultatis nodum in se continet, ad quam tuum consilium uehementer conducibile putarem.

4 attinerent: attinent L 12 quibusque: quibusquam K 17 existimantur: existimatur KL

Spes magna mihi proposita est, sed onus arduum et pene intolerabile. Neminem debeo consulere, sed apud me res illa debet esse sepulta, alioquin in indignationem inciderem magni hominis. Deliberandi tempus habeo ad nundinas usque, quas proxime celebrabimus. Te oratum facio, si contingeret in breui Liptzk constitueres, silencio me non preterires.

Rem tibi enodauero. Consilium tuum non omnino abdicabo. Agendum mihi est cum illustri principe Alberto. Necesse est ut cautus sim rationemque habeam. Si animus tibi esset ad Liptzk accedere mihi, oro, significato et te prestolabor. At, si nulla tibi iam esset tractacio, nuncies, queso, et in breui amiciciam tuam uisitarem. Tam incertus modo sum de genere uite mee amplectende ut uix unquam incercior eram. Que singula, que modo me exagitant, luce clarius intelligeres. Atque etiam de Heinrico Dessau sermones produceremus. Nam Daniel uenit, Heinricum non reperit, facit ambages circuicionesque plurimas. Nihil certi sencio quamquam de aureis montibus frequens (ut omnes solent) sit locutio sua. "Erfordie," inquit, "eum quesiui, puto, Danielem." Non erat, nam nobilis apud quem erat recessit cum stipendariis quibusdam. Fama fuerat eum fore in Herbipoli. In uia cum Herbipolim mearem, seruicialis quidam eius obuiam mihi dedit. Aiit ipsum discessisse, aliumque locum descripsit. Festinabam igitur, perueni ad capellanum domini illius. Indicauit mihi fornaces eius, atque in opere uitreo aiit eum uerissimam artem inuenisse; scitum enim esse aurum et argentum alembicum pertransisse practicum, uero habere defectum

3 in *om.* K 8 enodauero: enudauero L 27 uitreo: uitra KL 29 practicum: practicam KL

unum. Itaque Heinricus abiuisset, qui in illa re prius ipsum informasset, dedisset se primum ad Franckfordiam, deinde ad Magunciam; neque posset scire ubinam ultimo permansisset. Ad hunc ipsum, inquit, locum ubi opus est uelle reuerti ac plene perficere. Et Daniel ipse non diu tardabit, iterum uiam arripiet, et antedictum Heinricum queret.

Huiuscemodi sunt circumlocuciones. Mihi nulla spes est de hac materia. Tu discute melius sagaci tuo ingenio, sed litteras illas inclusas, precor, cum possis, ad Mansfelt mittas ad domum antiqui Heydelwergk aut ad rectorem scolarium. Vale, coniunctissime fautor, uir humanissime.

Narrat se sanitati restitutum

Honorem ueritati impendis, fautor perdulcis ac uir humanissime, cum herbarum in publicum ducis uirtutes. Scio nempe ac uerum intelligo hac ipsa pocione, quam bulliendo confecerim, ex herbis me restitutum pristine sanitati, nisi falsum me racio hec habeat, et deliteret forsitan nonnihil quod nec capiti (in quo perpessus sum infaustos dolores) nec artubus ceteris quid passionis inferret. Quippe habeo graciam dominationi tue et pro hac tua in me beniuolencia, pietate, mansuetudine, et precipuo illo humanitatis officio. Quibus agam uerbis graciam non reperio nisi hoc unum: sufficere uelit quod parato animo queque beneplacita tua subire intendo. Id unum magni duco, domine honestissime, ut propria persona me uisitare haud aspernatus es, in quo obnixum me tibi uendicas perpetuis temporibus.

Quid dicent, amabo, qui me uicio dare conati, qui insanabilem morbum rati sunt, qui in partem interpretati pessimam, qui denique famam meam pocius tueri debuissent, et me uerbis illepidis lacessere laborauerunt? Nec eorum nomina (que certe uix contineo) hic expresserim. Dabo hoc pudori meo, concedam uerecundie. Satis accepisse putabo si ista audientes de se dicta haud dubie recognoscant; nec iam dicti circulatores de illo dubitabant, sed sancte iurando sic esse affirmauerunt.

Hec preterea dignitatem tuam scire uolui quia, siquis amplius inter loquendum haruspices hariolosque sequeretur, de mea diuinare presumeret infirmitate. Tu uero, ut equum foret, suscipias defensionem meam. At quid multa? Benignitati tue morem gerere frequens curabo.

Increpat quendam quod maledictis certat ac modum reprobat epistolarem

Si maledictis certarem, in uicium inciderem procacitatis. Si ferrum stringerem, transgrederer modestiam et essem aut gladiatorum aut tui persimilis, qui modum negas epistolarem. Si omnino tacerem, gloriosam putares uictoriam sine belli indicione preliique adeptam. Quid oras populare finitimas? Quid agrum uastare soles uicini? Quid offendis demum nulla lacessitus iniuria? Queris triumphi laudem quam nemo plena contumeliis obiurgatione consecutus.

Si contendere certum est, armis fac optimarum arcium pugna interdum uel racionibus (id uirum decet atque adeo audacem) uel autoritatibus et eorum quidem uirorum quos precipuos artis studiosissimus quisque litterarum fatetur. Tum certamen honestum censetur, cum uiribus ingenii atque doctrina palmam quis nanciscitur; turpe autem quod detractione comparatur.

Si uelle statueris modum epistolandi nostrum deprimere, cura publice facias, obtineasque triumphum aliorum iudicio, non proteruitate tua. Id forte si perfeceris, simul ac uictoriam, audiencium conquires fauorem. Vale.

Arguit proterue scribentem

Accepi litteras tuas preterita iam die ad me datas, in quibus et tuum in me odium et quantam pre te fers ambicionem plane perspexi. Nihilo miratus sum quia uerbis scripta penitus similia uidentur, neque profecto decuit illoto usum sermone secus atque locutus sit scriptionem suam ad uidentes preferre. Non rursus criminabor ne abiectis forsitan equalis et iurgantibus mulierculis putarer. Dabo pudori meo, uerecundieque concedam. Fateor me et succubuisse et in eo certamine superatum, ac si prope intueri uolueris uictorne deterior sit an uictus, haud difficile iudicabis. Neque coniecisti me actutum aut in uincula aut in seruitutem, etiamsi triumphum predicas quem temere partum ad dedecus autumarunt maiores nostri proxime accedere. Ceterum, epistole tue respondebo, et quid scripturus uenio, animaduerte. Si uera loquar, flecte animum, atque etiam tam uehementem impetum comprime racionis habena; sin falsa, refelle

1 studiosissimus: studiosissimos K 11 preterita: preterea L 27 refelle: reuelle

quidem ea ipsa. Ostende litteris, et erratum meum ad me mittas. Sed ne nimium extendam epistole filum, rem aggrediar.

Dicis me multum de me confidere. Cur falso mihi ascribis? Siqua sunt a me pro incipiencium utilitate in lucem producta, ea confirmaueram dictis clarissimorum hominum. Tu uero ut modestiam uerbis transgressus, sic quoque calamo nimium indulges. Non inconsiderate, ut reris, locutus sum; matura deliberatione pensabam ne unquam mihi antea persuadere potuissem ut tam friuole linguam tuam in alios acueres, qui te clarum uirum et putas et geris. Nullam fecerim tibi iniuriam, sed modum non esse epistolarem uacui capitis esse censebam. Quod te dixisse auditores tui retulerunt, nolui primum credere. Quas ob res nomen tuum obticui cupiens uero experiencia noscere mecumque uoluens quid in trito est uulgi prouerbio: *Tactus ex multitudine non silebit*. Cerne iam, queso, an famam tuam leserim, qua nunc tantopere extollis. Speciosa laus in ore tuo que esset reuera longe speciosior ab aliis deprompta. Fige iam acrius intuitum; cognosces te falsa raptum opinione. Sed mos est ueritati parcencium ita loqui, et fidem arbitrantur ab aliis posse ambagibus obtinere.

Tum artem negas epistolarem; de modo, ut sencio, silendum opinaris. Bone uir, num de modo locutus sum? Interroga eos qui delatorum munus apud te exercent; extorque ab hiis uerum; noli assentatoribus aures et quidem credulas adhibere, qui ad nutum fortasse uoluntatemque loquuntur. Spernenda est illorum odiosaque oratio.

At imitationem commendas; atqui non satis perspectum habes quanti et ego ipsam facio. Obiectas mihi Quintiliani lectionem; feram pocius quam si uel secordiam mihi uel negligenciam obiiceres, tametsi pergat in partem deteriorem locucio tua. Illum ipsum accipis autorem quasi defendiculum quoddam aut patronum, quo existimas probare nullam esse epistolarum artem. Nullam tamen autoritatem adducis. Feras pacienter. Tecum sencio de imitacione, quam Cicero et in Veteri et Noua Rhetorica utilem esse perdocet. Verum artem in imitatione Quintilianus, uir ille disertissimus, fatetur, et uide iam uerba eius libro decimo de oratoria institutione. *Neque enim*, inquit, *dubitari potest quin artis pars magna contineatur imitacione*. Et paulo post: *Ante omnia igitur per se ipsa imitacio non sufficit uel quia pigri est ingenii contentum esse* his *que sunt ab* illis *inuenta*. Et postea: *Turpe etiam illud est* esse contentum *id consequi quod imiteris*. Iam respicias quod ex Quintiliano probaturus ueneris, qui artem in imitacione fore non paucis uerbis ostendit.

Ac deinde ad conficiendas epistolas non pertinere partes facile inquis te probaturum. Scias me posuisse et quomodo posuerim. Reprobare si statuisses, dabitur tibi locus, et dum satis diu acies constiterint, iubeas signa canere. Paratus sum quamquam fateris non legisse libellum meum. Homo autem iniquus est—ne dicam sceleratum—qui reprobare priusquam uiderit presumit. Quod me callidum nuncupas persuasorem, feram modeste, nec uicissim modo contumeliis certare proposui. Postremo insinuationi tue, quam interiectione uerborum adducis, occurrere non sine beniuolencia quadam in mentem uenit. Quoniam thesaurisandi gracia aut questus putas me, ut resumam, incitatum, tu illud officium ut dares in lucem

10–12 Quintilian, *Institutio Oratoria*, 10.2.1. 12–14 Ibid., 10.2.4. 14–15 Ibid., 10.2.7.

assumebas; ego contra arbitror te inflacionis causa id fecisse ut ceteris possis litteracior uideri quandoquidem maledictis mihi nocere studuisti. Et forsitan plus facta iam debita comparatione accipis de materia tua quam ego de mea. Recipe intentum meum atque animo complectere, et qua me fueris persecutus beniuolencia, eadem te afficiam.

Ad eundem quod maledictis certat

Putabam litteris meis iam pridem ad te datis posse efficere ut que multo sermone ad auditores protulisti, partim a te iam negata, partim uero confessa, autoritatibus munires ne loquacitas minus profutura longius progrederetur. Que si obtinuissem, facile mihi fuisset non odio te, sed ratione atque adeo honesta inductus. Verum Quintilianum falso mihi allegasti nullam ex eo autoritatem describendo. Posteaquam ad te miserim que esset doctoris illius sentencia, nihil respondebas. Ad priorem te conuertebas dicacitatem; multa mihi flagiciosa crimina imponis quasi obscenis nunc sermonibus, et petulancia tua me supprimere uelis. Longe mihi alia est sentencia, alius quoque animus. Id uero ex eo quidem uno uel maxime cognosces quem uictum me in procacitatis dimicatione fatebar.

Scribis autem meis non posse confabulationibus tua ualitudine impeditus respondere. Cur non quieuisti, obsecro? Cur artubus tuis fortasse morbo affectis pacem non dedisti? Reris me libero penitus frui et remisso tempore, quem existimas in hac sacrosancta solemnitate ad

13 inductus: inductam L 21 quem: quam KL

disceptationes propensum? Vetat religio nostra et piissima ieiuniorum obseruatio.

Sed resistere importunitatibus tuis necesse est. Id agitur ut litteras tuas plurimum desidero, in quibus uultum tuum tanquam te sentire arbitror, uehementerque cuperem huiuscemodi autoritates litteris mandares ac demum ad me mitteres quibus antehac gloriatus. Si motum cognoscerem te sentenciis prestancium uirorum, facile acquiescerem.

Non a puero septennio recusarem, dum aliqua inde mihi utilitas esset euentura, nedum a te quippiam perciperem, qui uir es doctus atque peritus, ut scripta tua demonstrant; sin aliter sentirem, epistolis meis significarem. Eadem si prestancie tue placerent, uiderer certe mihi uidere non sine racione hanc rem attigisse. Cum uero declinaueris, faciam tibi laciorem uiam ut prosequaris.

Iterum increpat eundem quod modestum animum pre se ferre non potest

Si te humaniter sum benigneque allocutus, cur mihi iam irasceris et ueluti torrens me impetu quodam inuadis nullum habens ubi possit consistere precipitationis terminum? Plurisne censes, precor, improbis uerbis dedecus pre se ferentibus pedestrium instar hominum litigare quam honesto officio, in quo tuum erga me animum senciam et rursus in te sentenciam meam cognosces? Haud iniuria est litteris cerciorem facere et ita explicare ut ab exordio plane ad calcem usque sencias quid uelim quidue instituerim. Sed eripere forsitan que

4 agitur *scripsit B. Löfstedt*: agit KL 5 uehementerque: uehementer K

tibi oculos caligat nubem non poteris. Quis te impulit ut rabido ore, impudenti lingua, flagiciosis uerbis petulanter nimium me studeres et quam in lucem dederim materiam denigrare? Cur non tranquillum habuisti animum, ac corpori pepercisti egroto? Sed eadem est improbitas tua que antea fuerat. Adducis autoritates sine loco; non esse opus, inquis, passum allegare. Primum assignasti librum nihil adiungendo. Tum ab eodem declinas animo. *Quid sibi uult istud anceps uacillansque* propositum? Non debeas mihi, subiungis; minus debuisti huiusce excitare discordias. Respondebo ad autoritates satis mihi iam cognitas; preteribo reliquas silencio quoad liberius tempus sese obtulerit.

Neque enim dubitare quis potest quin artis magna pars in imitatione contineatur. Nonne cernis artem? Ac deinde uideo te obmissa cauda bouem allegare; quare non uides illud quod *imitacio per se ipsa non sufficit; pigri est ingenii contentum esse hiis que sunt ab illis inuenta*? *Adde ut quicquid alteri simile necesse est ut minus sit, ut umbra corpore, imago facie*. Contra, omnis imitacio ficta est et ad alienum propositum accommodatur. Cur hec aliaque non conspicatus es? Totus ille locus reprobat te infirmatque raciones tuas. Quem existimas tam obruti esse ingenii tanque uecordem quin perspiciat aliena esse allegata tua ac nihil ad presens pertinere?

Placuit illa ad te perscribere. Tu uero si uidebitur scribas. Si non, quid mihi conueniet cogitabo, atque etiam quod statui data oportunitate non pretermittam.

8–9 Valla, *Elegantiae*, Praefatio in librum quartum, p. 118. 14–15 Quintilian, *Institutio Oratoria*, 10.2.1. 17–18 Ibid., 10.2.4. 18–21 Ibid., 10.2.11.

Tribus partibus constat epistola

Vt ostendam epistolarem racionem postulas. Ostenderem equidem ni timerem tantam rem paucis non posse comprehendere. Accipiam tamen nunc significantiora uerba, et quam facillime iam potero non omnia quidem tradere sed que magis necessaria sunt attentabo.

Quippe audiuisse dudum te arbitror epistolam tribus constare partibus: causa, intentione, conclusione. Ille enim partes precipue litterarum sunt. Deinceps dabis operam luculente sint et concinne littere tue. Magnopere litteras exornas si breues conficies, si lucidas, si denique intelligibiles. Nam qui obscuram recipiunt dictionum compositionem longamque et inuolutam ac duriter aliunde translatam, amouent ab epistolis splendorem, et demum ipsas lumine priuant. Et facies reuera, cum clarorum uirorum uestigia sectaberis, ut Enee, Laurencii de Valla, Francisci Philelphi, aliorumque qui summo studio dicendi preceptionem amplectuntur. Que si feceris et eruditus esse et clarus poteris. Vale.

Narrat epistolas breues cuiusdam nomine extruxisse

Irasceris mihi, ut arbitror, quod per tantum tempus nihil adhuc ad te scripserim, presertim cum beneficia tua sint magna in me et quidem longe maiora quam dicere conuenit. Sed si ordine deberem impedimenta edicere, putares minore etiam hac epistola me satisfecisse. Ea tibi

7 arbitror: arbitro K 11 exornas: exornat KL

ipsa modo exponerem nisi euitare uellem nimiam oracionis prolixitatem. Opto profecto persuasum habeas me non immemorem fuisse unquam tui, uerum propter uarios multiplicesque euentus non potuisse perficere. Tandem reuera ualencior factus ac etiam aliis quibusdam inuolutionibus solutus dedi operam, quanta maxima potui diligencia, peticionibus tuis condescenderem. Labor enim facilis erat. Propter summam erga me amiciciam tuam confeci epistolas illas quas etiam tuo nomine extruxi. Maior etiam pars ipsarum breuis est ita ut breuioribus uerbis epistolare nomen retinere nequierunt. Vna me induxit racio utpote, cum innumera iam esset longarum epistolarum copia et multitudo, succinctas haberes nonnullas in quibus amenitas quedam ac ingens delectacio cerneretur, et multos quoque ego comperi qui in succinctis plus rati sunt utilitatis accepturi quam in ipsis que latissime se extendunt.

Neque in presentia hoc ago, neque tam uacui capitis sum ut autoritatis reputari debeant. Scio enim eas humili satis stilo conscriptas. Verum enimuero amor tuus et dilectio, qua me prosequeris, facit, spero, quod fructum aliquem inde capere possis. Et quanta coniunctio nostra mansit, tanto studio et uigilancia eas lege, queso. Nam una hec utilitas tibi euentura est, quod ex hiis modum scribendi meum plane cognoscas, quem, si probabis aut sequi uolueris, non paruum ad eas res habebis incrementum. Si omnia non placita fuerint, offendas saltem ex pluribus pauca que suauitatem aut uerborum aut sentenciarum afferunt, que nouissime non mediocriter alliciunt ad Latinas litteras. Equidem cum intellexero tibi esse iocunditati oraciones, pro quibus aliquamdiu fecisti

20 qua: que K

uerbum, mittere curabo. Postremo quecunque plus cuperes et demum expeteres, cicius tibi facere conabor. Vale.

Suadet Latinis litteris inherere et a carminibus figuratiui cantus abstinere

Rogasti ad te scriberem aliquando, et id profecto cicius fecissem ni tante res me impediuissent; noscis enim condicionem uite mee, ac consuetudo mea tibi cognita est. Placuit itaque nunc ad te dare litteras ne interdum diceres me immemorem esse tui, nam te diligo et ut bonis artibus insudares quam maxime exopto. Appello autem bonas artes studium litterarum, quod plerique in humanitatis nomine collocarunt. Magna tibi euentura est utilitas si non negligas. Nam Therencii te audiuisse comedias scio, in quibus tu maxime proficere possis si opera nunc et uigilancia incumbes. Magnanimum autem requirit hec disciplina et constantem hominem. Imbecilles ipsi et depressi pedestresque discipuli ab ea doctrina deficiunt, nec ullum suscipere unquam profectum tales potuerunt. Sed ingenium tuum ualidum est aptumque ad cuiusuis sciencie tractationem et precipue ad facundie racionem. Cura igitur ne tibi desis, neque iam poteris habere excusationem. Nam in loco degis ubi singule patent facultates omnium scienciarum, et quidem eo tempore magis quod preceptorem habes professoremque poetice sciencie. Hunc cole et dilige, atque proinde, ne resumptiones eius negligas, magnopere curabis. Et quantum ego Latinas litteras amplecti conatus sum, non te latet,

2 Vale *om.* L 7 me: mei K

propterea ut lingua fieret erudicior, quod te facere amplissimis uerbis adhortor. Tandem postea in conficiendis epistolis promptior eris, ad quasque etiam sciencias facilior.

Plurimum uero diligis iocunda figuratiui cantus carmina. Velim parceres et non tanto labore inhereres ita uidelicet ut locus melioribus reseruaretur. Sonitus ille dulcis quam plurimos seducit nobilissimi ingenii adolescentes. In hac fere una disciplina sepeliuntur, ac omnes alias negligunt. Quod nemo probat neque laudat, satis certum est, cum ita animo habes carmina musice facultatis ut, cum necesse fuerit, scias canere uel tenorem uel contratenorem.

Noui autem te habere *Salue* quoddam quod in Kempnitz cecinimus, in quo textum habui *Tua est potencia*. Te facio rogatum mihi transmittere uelis presenti cum tabellatore meo, et siqua alia haberes dulcis melodie simul innotares, pro quo recompensam facere studebo. Et quia nuncio quodam mihi significauit baccalarius Romildus quod nondum pecuniam abs te habet, oro propter ueterem inter nos amicicie coniunctionem ipsum expedias; posset accidere multo maiore alter uteretur familiaritate alterius quam unquam antea. Vale.

Hortatur ad studium litterarum et ut mulieribus se non coinquinat

Cogitaui aliquando, mi fautor, de persona et uite condicione, nam homo es et recens et optimi ingenii,

5 ita: itaque K 9 certum: certe KL 14 uelis: uel K

atque proinde in loco iam constitutus ubi in dies tua potest augeri uirtus, dii boni, quibus in locis acrius quam in hiis, ubi in manibus est in promptuque omnium scienciarum exercitacio. Nonne et id recte dicimus esse in uniuersali studio? Nempe preceptores in eo sunt in quouis facultatum genere, et si ultro citroque aduertere uelis, reperies passim sapientissimos uiros in singulis quidem et bursis et collegiis qui uiam tibi quasi quandam, qua tutissime pergas ad alciora, demonstrant.

Vnum autem uereor ne mulierum aspectus uirginumque ceu angelicus te impediat. Scio reuera quod passio illa multis obstaculo est ac ipsis etiam ingeniosissimis. Velim certe hec ipsa flocci faceres que conturbant ingenium, uiresque eneruant, ac demum faciunt ut prorsus sui talis immemor est. Nam comica sentencia placet (ut est in *Eunucho*): *hominem ex amore ita immutari quod nec quisquam alius eum cognoscat*. Non enim illa litteris demando; aliqua nunc haberem nota aut iam pridem ab aliquo manifestata. Sola apud me suspicio est et pia ammonicio ne fiant.

Atque nunc maxime cupio litteris insudare uelis, inprimis uero generi preceptionis. Neque te latet quid per hoc significo: copiam dicendi summumque eloquencie studium, ut si te adiungas tali pacto, comparare ualeas concinnam cultamque et emendatam Latini sermonis facundiam. Cetera omnia leuius tum et expedicius complectaris. Etenim illa ipsa non adipisceris nisi diuersorum scriptorum epistolas carminaque amore complectaris et diligencia. Tandem postea poetarum et oratorum uolumina perlustres.

16–17 Terence, *Eunuchus*, 2.1.19–20

4 in *om.* K

In hiis etiam facundia et discretionis colligitur promptitudo, ad quam nunc quibusuis adhortor. Vale.

Narrat se scribere non potuisse propter infirmitatem et scholasticum laborem

Statui mecum eo tempore quando primum me Hallis recepi ad te uelle sepissime scribere quibus etiam epistolis putabam me obtenturum interdum litteras tuas, que mihi non parum iocunditatis prebuissent, at multis rebus ita prepeditus plerumque fuerim ut incertus mei ac anxius, et tum profecto maxime cum morbo grauiori deprimebar. Quid reris, coniunctissime fautor? Onus graue est scolasticum ferre saxum et infirmitate angi. Sic enim incommoda simul et infortunium congregata semper mihi fuerunt, et impedimento et obstaculo et, ut opinor, ualetudini mee plurimum obfuerunt. Neque uolo quod ista tibi abdita sunt et occulta. Nam Procopio commisi (quando celebritatem sancti Mauricii peregimus) nomine meo salutem tibi diceret. Is, censeo, luce clarius exposuit qua uterer fortuna. Verum iam sanitati paulisper restitutus placuit uehementer te alloqui scripciuncula mea ut plane intelligas me non esse immemorem tui. Quippe ab ineunte etate nihil plus cordi erat quam qui me amant sane scire possent se non minus diligi et obseruari. Tu uero, cuius tanta sunt erga me officia et familiaritatis signa, quanta uix dicere queo multis aliis in rebus, in hoc autem precipue quod me ad humanitatis studium prouocasti, non immerito me plurimum tibi debere cognosco. Sic enim

1 discretionis: disercionis L 8 at: ac K 16 abdita: obdita L 17 peregimus: peregrinus K

habeto qua in re unquam possem aut tibi placere aut tuis, summa opera labore et industria perficerem. Neque secus eam rem aggrederer atque facerem si de fortunis meis contenderem, propterea quod tam amice semper tuam in me humanitatem ac aperte demonstrasti.

Ceterum cum diu priuatus eram iocundissimo sermone et presencia tua, uelim nonnumquam ad me scriberes ut saltem, quem te unum animo menteque gero, intueri ex litterarum officio queam, et describeres mihi prorsusque enodares secundos tuos quosque euentus. Vale feliciter.

Rogat magistrum ut discipulum sibi commendatum habeat

Iuit mecum prefectus oppidi. Konnerum retulit commisisse reuerencie tue, uir prestantissime atque optime, filium suum. Rogauit is apprime dominationi tue scriberem ipsum applicatum haberes ad studium. Veretur certe et quidem uehementer ne seducatur, senciens plerosque adolescentes ad uicia procliuiores quam ad uirtutes. Huic uero respondebam ut omnem ammoueret suspicionis scrupulum, tanta esset reuerencia tua et sagacitate predita et prudencia. Si quisquam nunc adolescentiores ipsos abhorrere a uiciis ac inutilibus rebus posset, tu ille imprimis esses, atque etiam tantam haberes existimationis auctoritatem ne quispiam peticionibus tuis non condescenderet. Quando enim ad gradum aliquem promoueres quibus ita enarratis, uir ille humanitatis plenus hilarior factus, et si antea precatus, ad te scriberem tum multo uehemencius. Neque uero unquam uerbis indulsit quod spondebam et dominationi tue et filio suo litteris mandare. Et quamquam, honestissime magister, minus tibi notus sum nullumque meritum antecesserit cuius ego gracia petere ualerem, scio tamen ac plane intelligo omni te honesto rogatui acquiescere propter maiorem quam pre te fers uite integritatem.

Oro igitur prestanciam tuam quibus possum et profecto amplissimis uerbis Iohannem discipulum tuum commendatum habeas. Applices ad bonarum arcium disciplinas ut, cum tempus compleuerit lectionesque ac exercicia, insignia baccalariatus suscipere possit; et si quos haberet ineptos ipse mores, castigationis freno cohibe, ipsumque coherce. Quippe genitor eius, cum permagna munitus sit honestate, tum ad refundendum promptissimus, ita quoque se habet ne unquam ingratitudine aliqua arguatur.

Neque egre feras, suauissime magister, quod te singulari numero appello. Equidem notum tibi est atque apertum omnes maiores nostros ita scripsisse, et maiorem hac una re honorem tibi ostendere putabam quam si plures modo esses demandassem. Vale feliciter.

Suadet ut magistrandus honorem magistris faciat

Audio te apparuisse aliquociens in auditorio ut paracior sis ad magisterii gradum, de quo plurimum et gaudeo et letor, nec uoluptatis res mihi minus illa foret allatura quam si prosperitatis aliquid futurum sentirem.

1 filio: filo K

Opto tibi secundam fortunam et ex sentencia euenire que inceptas. Sed magnopere curandum est ut beniuolenciam magistrorum et quidem plurium compares, quod utilitati est et uehementer conducit in eo negocio.

Scis quo pacto me habui? Cum primum me submittere cogitaui, potissimum autumabam fauorem multorum acquirerem, quamquam antehac non pauci erant qui me odio afficerent propter subtilissimi doctoris uiam. Nec tu magni pendas paruulam pecuniam; si quando in balneo fueris aut in collatione quadam, ita eos tibi reconciliabis qui prius tibi nocere studebant, atque id merito facies equidem si prensare uoles dignitatem illam et magnum donum.

Intelliges iam omnia que fecerimus minus esse et dissimilia. Cerne aliis in rebus. Nam si tractandum est uel a popularibus quippiam extorquendum in quo non tanta uis est, nonne summo studio elaboramus, ac sepius corrumpamus muneribus, ut nobis beniuoli sint? Ea autem in re cum a preceptoribus nostris insignia suscipimus preclarissima, quis dubitabit dignam reuerenciam ipsis et honorem ostendamus? Ego certe plus gracie illis habeo quibus adiutus ad hanc excellencie uirtutem quam parentibus, qui me genuerunt. Hii corpus uitamque dederunt ut uiuere possem; illi mores et scienciam ut bene uiuerem informauerunt. Postremum id quantum prestat priori, neminem ignorare censeo qui uero animi iudicio utrumque iudicet.

Omnis autem sermo ille eo pergit, in ueneratione habeas ipsos illos qui te promouere debeant. Video autem multos immemores beneficii, quorum omnis racio huc tendit ut carpant uerba factaque superiorum. Hii similes

12 prensare: pensare KL 20 dignam: dignum KL 29 multos: multas K

sunt Neroni necanti preceptorem suum. Vt et ego opinor, indigni sunt alicuius gradus. Cura, optime fautor, humiliationem pre te quandam feras, qua longe plura efficies quam si omni pompa atque ambicione incederes, et uidebis singula tibi fore profutura. Vale et propediem tecum fuero.

Persuadet in uniuersitate degenti litteris adhereat ne paterno priuetur presidio

Suscepi a patre tuo, mi Iohannes, te esse cum magistro N., uiro et quidem modestissimo. Quantum mihi placet, uix ullo possem sermone explicare. Inter loquendum uero magnam retulit sumptus pecuniam quam pro te et in particulari studio exposuit. Et nunc in uniuersitate neque sibi difficile aut durum tibi esse presidio, dum uirtutibus, optimis artibus, rectisque uiuendi preceptis insudes. Sed ueretur ne incassum defluat subsidium hoc et cum sis hilaritate plenus adolescens omnique gaudio, ne forsitan te seducerent aut enormes iuuenes aut mulieres. Quod si contingeret, certe auerteret genitor tuus manum a te, neque unquam deinceps potiri posses iuuamine eius. Fac propterea omnia sic ordines, si quando ad patriam uenies, etiam si uelint uel sacerdotes uel ceteri qui litteras norunt uicio te dare, tu statum possis tuum defensare, et tum maxime efficies cum cura et quidem diligenti inhereas lectionibus atque exerciciis et potissimum resumptionibus magistri tui. Ita te accingas, oro, promptitudine quadam

6 fuero: fueram L   18 gaudio: gaudeo K   25 efficies: efficis K

ut nullum sit uerbum neque proloquatur aliquod a preceptore tuo quod utilitatem tibi non sit allaturum. Neque etiam minus amare debes magistrum tuum quam studium ac postremo haud secus diligere quam parentes. Multum hec pietas confert studio.

Vnum uero est quod imprimis te aduertere uelim ac animo demum uoluere: quantam in se habet maiestatem Latinus sermo. Hoc etiam ea dico ratione, nam plures iam reperiuntur baccalarii quos ea deficit preceptio, et a beanis interdum debacchantibus—prope dixerim insanientibus—carpuntur tametsi edocti sunt in ceteris disciplinis. Incumbe igitur grammaticis dialecticisque proprietatibus, que ad gradum pertinent, nec unquam euasionem habere aut excusationem possis, propterea quod uitam agis cum uiro predito quauis uirtute ac doctrina et proinde quoque consuetudine dumtaxat attinges Latinum idioma. Si uel raro uel nunquam in uulgarem prorumpas sermonem, ludendo sic proficies. Bonus iste ludus est de quo Virgilius inquit, *ludere que uellem calamo permisit agresti*. Equidem ipsa illa si curaueris, magnam adepturus es et ferme summam existimacionis laudem, atque etiam tanto honore et parentes tui et omnes amici tantoque amore prosequentur, quantum nec tu quidem cogitare ausus fuisses. Vale optime adolescens.

19 Vergil, *Eclogues*, 1.10

3 studium: studia L 4 haud: aut K 8 iam: etiam K 17 in uulgarem: inuigilarem L 21 ferme: fere L

Narrat quam graues febres patitur

Scriberem ad te infirmitates meas si doloris admitteret magnitudo. Tam graues enim pacior difficilesque febres ut morte ipsa dempta uix morbus aliquis est qui tantum cruciatu afficit. Premit me ac torquet calor acutissimus sepius per spacium decem et octo horarum. Quid futurum sit Deus nouit. Hec te scire uolui quia scire cupiebas. Vale mi amice, fautor suauissime.

Scribit propter antiquum amicicie munus

Salutarem te litteris meis, uir prestantissime, nescio autem an tibi acceptabiles sunt epistole mee necne. Quod cum ita pre me dubium quoddam ferebam memini familiaritatis inter nos nostre, que cum quondam incepta sit, spero ipsam in dies magis ac magis augeri. Equidem ille mihi animus est ut quos amore complexus absens non minus mente gero quam cum coram uitam agam. Dignitatem tuam, domine suauissime atque optime, rogatam facio quia te meis alloquor litterulis interpretari uelis in melius, quod et ego de tua in me humanitate et beniuolencia quidem non diffido. Fac ut bene ualeas.

3 enim: etiam K pacior: paciar KL 13 memini: nemini K

Placet religionis commendacio

Plurimum ammiratus sum et iocunditate affectus quando perlegi epistolam tuam quam ad me confecisti. Fuit enim sanctitatis et magnorum doctorum ac etiam sanctissimorum uirorum auctoritatum plena. Vidi plura precepta ducenda ad beatam uitam et ad indesinens gaudium equidem si antehac religionem nunc et in posterum diligere non cessabo. Exposuisti mihi anime pestem, que uitam eripit sempiternam et lucrum, ac tristiciam affert. Iter unum demonstras quo tutissime proficiscar atque morbum hunc euitabo, quod est religionem amplectar uitamque induam que obseruanciam colit Saluatoris nostri ob amorem. Quibus litteris tuis uehementissime spiritualem. Quamquam in suo animum meum incendisti ad uitam quisque statu saluari possit, id tamen cerno ut religiosa tractacio est uelut semita directe ducens ad portum. Si quando fluctuosum, iam nauigamus mare cum sol elucet, quando tenebras peccati uigore penitencie delemus, omnemque carnis uoluptatem abiiciamus.

Hoc quidem nullibi caucius efficitur quam in monasteriis in quibus fratres inter se pace, concordia, summaque dilectione uiuunt; illic mundus uincitur, coercetur propria uoluntas, libido extinguitur, silet inanis locucio, illic celum contemplatur, creatoris nostri gracia speculatur, perdiscitur philosophia, que corruptione caret, ac demum mortis timor superatur. O claustrum, thalamum diuinum, quod summus possidet celorum rex. O tentorium Israhel contra hostes erectum. O celeste Hierusalem beatitudinem conferens. O paradisum uoluptatis, cuius

1 Placet: Pia et K   17 nauigamus: nauigauimus KL

flores speciem ostendunt leciorem, et fructum prestant perpetuum. Quippe hoc in habitaculo expiata mens pre se hilaritatem agit, cantica prophetarum depromit que omni plena sunt dulcedine, euangelizantes respicit cognoscitque diuina misteria que in dies ad felicitatem preparant. Nam cum ea ita pensata nimirum abhorresco ab his quidem uilitatibus in quibus degimus. Videbis N. tuum, quem tantopere adhortaris, honestius negocium attingere et mutaturum uitam in qua nunc est. Verum id contueri quemque necesse est ut quam diligentissime perspiciat ne penitudo sequatur.

Tue tamen dominacioni graciam habeo perpetuam quod huiuscemodi litteris me mones. Maxime certe te diligo et omnes fratres monasterii uestri. Vtinam omnes ualerent, deinde quosque qui bono interdum uerbo mei memores sunt salutabis nomine meo, dominum priorem imprimis, qui summam mihi humanitatem ostendit, deinde dominum Franciscum, qui me saluum esse iussit. Vale, optime Georgi, fautor suauissime.

Scribit uni si pollicitum statum habere uelit in scolis quamprimum ueniat

Institit assiduis precibus te, ut assumam, dominus Lampertus, qui multa necessitudine mihi coniunctus est, et quia tibi pollicitus sum, siqua foret uacancia, primus esses quem substituerem. Accidit uero ut quosdam alios baccalarios constituere intendo. Tu si quam nunc haberes

13 quod *add. B. Löfstedt*

mentem statum huiuscemodi assumendi, quamprimum aduolares ut de hac re pauca in medium atque in apertum duceremus. Ego, propter sponsionem quam tibi fecerim rogatusque mihi amicissimi domini prememorati, te assumerem, quia et tu si taliter institutus es, fac adueniendi spacium ne differas. Nosti enim multitudinem esse baccalariorum. Vale.

Inuitat conuentum ad sororis nupcias

Cupio, uiri eruditissimi atque optimi, eos quidem, quos coniunctionis uinculo mihi copulatos intelligo, esse cum in ceteris solennitatibus meis tum uero in hiis quas gaudio atque etiam hilaritate perficiendas duco, et eo certe forcius quando ipsa illa res, cuius gracia fit, in tocius uite cursu uix semel peragitur, cuiusmodi primicie sunt nupcie ac alii actus in quibus insignia nonnunquam uirtutum sumuntur. Itaque cum non preter consensum meum soror mea cuidam copulabitur, nupcie quoque more solito erunt atque instituentur die Martis, ad quas, cum uenerint usu, quisque suos fauore coniunctos recipit. Proinde cum preter dominationes uestras paucos intelligo mihi magis amicicia annexos, facio igitur rogatos uos, uiros amplissimos, ea die quam paulo ante memoraui, decorare splendidasque facere eiusmodi nupciarum celebrationes presentia uestra uelitis. Equidem nihil honestius in ea tum festiuitate existimo, nihil dulcius iocundiusque potest euenire quam uirtute preditos mihi astare mihique ac meis congaudere.

19 quas *scripsi*: quasque KL

Neque reuera minus ad me et spectare et pertinere censeo quam si de meis negociis ad meipsum pertinentibus ageretur quanta cuique sit caritas in sorores, inque propinquos fere omnes, neminem autumo quem lateat. Facite enim, uiri prestantissimi, ut fiducia erga me uestra est, et reddite actum illum festiuiorem dignitatibus uestris, et quo unquam studio maximoque animi conatu aut similia aut maiora efficere queam, faciam semper ac cupidissime. Valete.

Epistola narrans quendam propter pestis timorem recessisse

Etenim ualeo, et si pariter tu ualeres equidem, gratularer. Quid enim ad scribendum pocius occurrit eo maxime nunc tempore quo quisque hominum uehementissime timet, tum aliis in locis, tum Hallis, ubi pestis iam expertes non estis? Scis enim causam propter quam ego discessi. Nam et morbum illum metuebam, et ubi scola posita est, fetor haud quidem paruus existit, et tu, quemadmodum arbitratu concipio, complexionem meam non ignoras. Aperte sunt tibi infirmitates mee: quot et quantas perpessus fuerim, ea certe in estate quando apud uos scolasticum primum onus—prope dixerim saxum—collo imposuerim, et profecto longum facturus essem sermonem si ab exordio deberem ad terminum usque exponere quam grauiter tulissem me infirmitate torqueri, et non insudare his rebus que ad officium meum spectabant. Atque etiam, ut postea experiencia noueram, fui non solus qui

20 quantas *scripsit B.Löfstedt*: quante KL

fragilitate afficiebar, uerum etiam qui succedebant debilioris tunc nature, prorsus ex mortalium uita migrauerunt.

Que cum animo repetere soleo, reformido certe ne et tu interdum resistere non possis. Que cum magnopere timeo, clamauit ipsa illa quam contraximus amicicia, insuper amor quem in te habeo, summaque caritas, tui non sim immemor. Scio enim quam ardenti dilectione me amplectere, et, ut ueritatem honorare uidear, nihil est quod eque ac studio curare existimo quam quiuis intelligat qui me amat se non minus diligi et obseruari. Opto ideo dignitati tue ualitudinem indesinentem, omnibusque fratribus tuis non minus opto. Porro flagranti animo expeto mihi ut renuncies qua fortuna gaudeas ut quem te unum maxime ardeo sanum esse atque incolumem intelligerem. Si acquiesces peticioni huic mee, efficies ut plurimum tibi debere cognoscam. Siquidem in ea re Pauli tui non obliuiscaris; cum diuinis officiis incumbas, et pro ipso deuote ores. Vale et omnes fratres tuos qui memores mei fuerint nonnunquam salutis uerbo alloquere. Iterum uale.

Corrigit obscure scribentem

Vidi litteras tuas quas ad me pro cantoratus statu scripsisti, et quamquam ultro citroque eas ipsas legissem, uix ullam potui animo complecti sentenciam ac plane intelligere. Tam sicce sunt fere omnes atque exangues orationes tue, et nisi cantor meus clarius manifestasset,

1 succedebant: succedebat K 7 dilectione: dilectioni K 18 deuote: deuoto L

haud quicquam tibi respondissem. Tu dabis ueniam quod illa stili officio nunc designo, quia correctio amantis et utilitatem pre se fert, et amici munere non caret. Clare enim scribendum est ut legendo amenitas sit iocunditasque, atque intelligendo nulla succurrat difficultas. Porro ut benigne illa pieque depingebam, ita et tu quoque pie suscipias. Et de hoc satis.

Laboras pro statu, et ut te assumam rogas, nescio certe quid respondebo. Existimabam cantorem quem nunc habeo diucius manere, atque adeo expetiuissem. Nunc quandoquidem ipse statum suum mutaturus, necesse est ut alius succedat. Ceterum nonnulli sunt qui dudum conabantur nancisci et qui baccalariatus insignia susceperunt. Eas ob res nihil certi, nihil firmi scribere ualeo. Quid tamen animi fuerit non multo post, quando casus nuncium prestiterit, significabo. Vale et parce illa tam grauiter scripsisse, nam in profectum, si prope conspicies, pergant. Iterum uale.

Epistola suadens ut neque uanitatibus se neque mulieribus inuoluat

Perfunctus es, optime adolescens et baccalarie suauissime, patrie amenitate ad decursum nunc temporis satis longum. Si una et studii tui et uirtutum exercitatione usus fueris, bene est. Neque enim nunc dubito quin ea non obmittes que ad excellenciam uite pertinent et fame magnitudinem pre se ferunt et dignitatem augent. Equidem a me sepissime audieris et quidem ipsa esse que

5 atque: in *add.* L 26 ferunt *om.* L augent: agunt L

hominem extollunt et omnium preclarissimum reddunt, que si iam accipere paratus es et ipsa illa sequi, sencies fructum indesinentem. Quid uero moniturus uenio. Paucis referam id uidelicet unum: scienciis bonisque disciplinis laborem inpendas. Nec quicquam tam arduum sit a quo propter difficultatem abhorrescas, cum ex eo ipso doctrine incrementum aut aliqua utilitas sit euentura. Non seducat te uel abstrahat, queso, illorum sermo qui dulce nihil reputant nisi uanitatem et que oculis externis apparencia intueantur, ut illi sunt qui uel ludo insistunt uel libidinem cunctis rebus preferunt. Saluos se putant quando mulieres amplectuntur. Talis est prophanorum condicio et illorum qui a proprietate sapientium longe recedunt. Tu fac ut cepisti et lubrica illa et que illecebras in se continent flocci faciendo, dabis operam ut adipiscaris recta uiuendi exempla comprehendasque optimarum arcium tractacionem, in quibus decor omnis est racionisque amplitudo.

Ac de illis si quando ad me ueneris, apercius loquar. Magno etiam gaudio affectus eram tum cum consanguineus tuus (qui has tibi presentat litteras) retulit te interdum ad me uenire. Exultarem leticia ac subinde curarem familiam patris inuiserem tui. Itaque unum si tibi cordi est, atque etiam tu oportunitatem sencies quandam, obsecro aduentum tuum non differas, uerum aduoles cum amico tuo et quam mihi debes pecuniam tecum afferas. Scis enim pauperem me esse uelut positum in maxima inopia propter debita ad que quondam me inuolueram quando ad magisterium me applicaui. Et quibus unquam rebus tibi complacere potero nihil obmittam. Vale.

3 moniturus: moturus L 10 intueantur: intuentur L 17 est *om.* K

Agit gracias pro honore sibi ostenso

Rogit me summa quam in te habeo dilectio, uir optime excellentisque magnificencie. Illas ad te scribo litteras; negocium arduum nullum est impellens nullaque necessitas interueniens, sed ea ipsa iamdudum mihi a te facta reuerencia succurrebat ammonitione quadam incitans illis te litterulis meis alloquerer. Itaque, coniunctissime magister, summopere cupio te quam maxima gaudere ualitudine, atque etiam queque sint spectancia et ad corpus et ad fortune res secundas et ad animi uigorem, opto dignitati tue ex sentencia euenire. Equidem sepenumero cogito quo pacto prestancie tue pro hiis quidem ipsis honoribus quos mihi ostendebas tibi complacerem, at quoquo me uerto et quam unquam inspicio facultatem meam, nihil reperio quo recompensare possem. Atqui uehemencius cognosco me tibi debiturum quod illo tempore quo beneficencie munus abs te susceperim, nihil ante aut reuerencie aut honoris effecerim. Congruum tamen fuisset amicumque, ac consentaneum et ueritati et honestati, exhibuissem tibi propter uirtutum insignia que tum adeptus eras, sed defuerunt quibus ego perficere deberem. Tua uero dominacio nihil obmisit quamquam ad te non pertinebat, atque ideo, humanissime magister, sic de me habeto. Quibuscumque potero negociis aliquid utilitatis aut rebus conferre aut obsequiosus uideri, darem profecto operam ut maxime officiosus uiderer. Cupio etiam uidere aliquando dignitatem tuam et contueri prosperane sit fortuna. Vale prestantissime magister.

25 utilitatis: utilitas L

Rogat magistrum ut adolescentem in domicellum assumat

Rogauit presencium ostensor, coniunctissime magister uirque multarum litterarum, scriberem dignitati tue, atque etiam preces pro eo facerem. Cupit enim et eiusmodi propositi est se uelle gerere discipulum tuum. Fuit anno elapso mecum, ac proinde existimo reuerenciam tuam eundem agnoscere, et quia officiosum habet parentem satisque humanum, multaque mihi ostendit benignitatis munera, et quicquid adolescenti efficere ualerem, parentum causa libentissime perficerem, cum ea quidem ex re commodum ipsis aliquod esset euenturum. Ac ideo, suasuissime magister preceptorque optime, supplico dominacioni tue illum ipsum ad te recipias ut domicellum tuum pro competenti pecunia, ita uidelicet ne aut ipsius esset aggrauacio aut damnum tuum negocium tale contineret. Pater eius artifex est, manibus nutrimentum acquirit. Cum tamen ad promocionem, quod iudicio tuo et ualido et graui relinquo, aptus uideretur, donum haberes atque adeo honestum. Fac enim, uir prestantissime atque optime, ut mea in te est fiducia utque adolescens senciat scripciunculam illam sibi profuturam. Est enim probus, nullis uanis negociis circumamictus, plerumque studio adherescet ac plane insudabit. Et si quando qui diciores essent ad te ut se reciperent possem persuadere, facerem diligentissime. Vale optime magister.

19 donum: domum L

Consolatur oppressum a fortuna

Summa tua in me amicicia et singularis quidem amor efficit quod hoc tempore ad te scribo. Illud certe permagnum censeo facultatis nostre munus quos amore obseruamus ut nulla tam remota sit loci distancia quin eos alloqui atque adeo poterimus et in ipsorum rebus secundis gratulari et aduersis condolere. Scio autem fortunam tibi non esse omnino prosperam, de qua quidem, ut audio, haud paruam concepisti tristiciam. Velim profecto, mi baccalarie suauissime, modestiam animi complectereris.

Cogitares quoniam bona illa non nostra sed fortune sunt, que dum uult ostendit rursusque aufert; at, ut uerum fateor, et ut in antiquissimis legimus codicibus, nulli fortuna diu blanda est. Ob eam causam sagacissimi homines, quibus magnum est in sapiencia nomen, sponte que fortuna dederat abiecerunt. Quis uero resistere potest? Sapiens. Is uero, qui uirtutibus laborem impendit, fortunam repudiare queat.

Te igitur moniturus uenio ne angoribus succumbas, qui hominem opprimunt et sepenumero ab eo quod honestius est alienum reddunt. Cogita quod multi a fortuna derelicti in studiis disciplinarum uite splendorem comparabant, quem neque fortune temeritas auferre potest neque hominum malicia labefactare. Insiste iam bonis artibus, sequere rectis uiuendi exemplis, uirtutumque pulchritudinem ammirare. Tum ea consequeris que sempiterna sunt et nullo casu uariantur. Spero propediem tecum fore. Quibus in rebus utilitati esse possem, perficiam diligentissime. Vale.

8 qua: quo KL 28 fore: et *add.* L

Manifestat manum a scribendi racione propter alterius tarditatem abstinere

Loquebaris mihi sepius meis ut te uisitarem litteris. Abstraxi paulisper manum a scribendi officio cum multis rebus et fere infinitis essem prepeditus, tum quod apparuit mihi te habere ad dicendi preceptionem remissiorem animum quam quondam habebas. Scis etiam, mi fautor, quociens flagitabam, saltem ad me uulgares conficeres epistolas tuas. Tandem uero eo peruentum est ut si a me trinas suscepisses litteras, non unas uidissem e manibus tuis euolare. Profecto apparuit non acceptam tibi esse scriptionem meam. Sed non immemor sum quanta fuit inter nos amicicia, eamque ipsam nondum arbitror esse extinctam aut deletam. Summa tamen me tenet ammiracio quid rei sit, quidue tam grande negocium, ut scripciuncula tua nequis me salutare. Censeo uite tue tractationem minus esse frutecosam quam mea est. Equidem alia res est te impediens, quam inter loquendum interdum protuli in apertum. Verumne offendam dignitatem tuam? Illa que sencio preterire puto. At si quando simul fuerimus, de hac quoque tum re maiori licencia tecum loquar. Hoc saltem explico, si uerum concepi, rebus te esse multociens inutilibus circumseptum. Tu si uoles ad te unquam scribam, fac ut uideam litteras tuas, et nunquam manus mea cessabit nunquamque conficiendi calcem ac plane terminum ponam. Vale.

Scribit enim ut quem diu non uiderit
possit interdum alloqui litteris

Arbitror, uir prestantissime atque optime, quamquam ad te litteris mando, parum tibi cognitum esse aut nomen meum aut personam, at si memoriam reuocaueris, nomen tenes. Persone autem cognitionem haud facile habueris, nam, ut uerum dicam, in cursu uiginti annorum nulla me habet recordatio quod uel faciem tuam uidissem, atque, ut opinor, si casus aliquis te ut uiderem se offerret, nisi coniectura quedam faceret, dominationem tuam non agnoscerem. Sed quid est, dii boni, quod litteris significo? Certe nihil aliud quam me gratulaturum iri quod unus es e conterraneis meis quem uirtus meritumque extulit et quasi splendorem quendam ceteris fere ad intuendum collocauit. Cupio te uidere, et animo quidem flagranti et iamdudum hoc quoque desideraui. Nec mirare, nam fama crebrescens sepenumero non solum incognitos sed hostes interdum in fauorem reducit. Equidem rumor ipse Masinissam Scipioni fecit amicum licet primus aduersus Romanos esse consueuerat. Sic etiam latrones Liternio in exilio Scipionem gliscebant conspicari, tametsi omnium hominum hostes extiterunt. Ac preterea uirtus ipsa multum efficit, parit amiciciam, gignit fauorem, bonos copulat, animum nobilitat, uicia effulminat, prestatque rectam uiuendi uiam. An te uirtute munitum predico? Ex hoc intellige, nam neminem eleuat hominum existimacio atque adeo sapientum ni fulgor ex eo uirtutis reluceat. Suscepi te esse facundum, eloquentem uirum, at dicendi preceptio ex intimis fluit sapiencie fontibus, ut maiores nostri

17 incognitos: incognitas L   26 existimacio: extimacio L

elegantissimi ferunt. Prefuisti notariatui ciuitatis satis famose, et item in maiori iam dignitate constitutus. Quod magnum mihi argumentum est te esse preditum quauis et racione et elegancia, nam quem superiores nostri extollunt, presertim cuius ortus generosus non est, oportet ut ex eo splendescat ueluti iubar quoddam uirtutis. Nec existimas, obsecro, assentacionem me obseruare, quod uicium uehementissime detestor. Non enim loquor ad graciam neque ad Therencianum obsequium, nec etiam Gnatonicum munus mihi uendico, uerum quod litteris depingo, facit ut maiorem ad tuam habeam dignitatem scribendi occasionem. Profecto racio nostra est ut, quod maxime ad litterarum studiosos pertinet, si uelint, sine causa necessitateque retinente scribere ualeant, et cum ad ceteros ueloces habeam manus calamum quasi uolantem, autumabam reuera non omni carere officio scripciuncula mea. Te alloqui tuum est, uir magnificentissime. Bono animo recipias interpreterisque in partem meliorem, maxime quidem quod Latine litteras confeci, siquidem ad me peruenit te aliquando usum fuisse hoc conficiendi genere. Atque ideo oratum facio magnificenciam tuam si aut sermonis ex indispositione aut condicionis forma litterarum nonnullam conciperes displicenciam, non e mente sinistra ortum id existimes, sed ignorancia quadam uite ac consuetudinis tue. Scripsi Leyloch pariformiter Latine, quem certe fama multorum clarum illustremque facit, nam scitum est quod quondam optimis artibus

9–10 Terence, *Eunuchus*, 2.2.33; cf. Cicero, *Laelius*, §§88–98, esp. §§93 and 94.

5 ut *om.* L   12 ut: et KL   21 oratum: oratam L

multum laboris impendebat. Neque enim credo quod aut sibi aut prestancie tue ingratum fuerit, nam, licet ceteris quibusdam sis negociis tractacionibusque applicatus, inuisere tamen studes, ut reor, cum datur ocium, quid in se Latine boni littere contineant. Ac postremo ex te cupio minutis saltem litterulis scire qua gaudeas fortuna, qualis sit ualitudo tua, etsi placuerit scribas uulgariter. Non enim minores sunt apud me ponderis uulgares littere quam Latine si ornate sunt et benedicendi pre se ferunt diligenciam quas tu conficis ornatissime. Ceterum quod singulari te nuncupo numero et fortasse modo preter huius seculi et ritum et consuetudinem, scias me in hoc morem sequi eruditissimorum uirorum, quos et nostra ueneratur et uetustatis etas. Hoc pacto scripsisse uideo Ciceronem meum, a quo didici; hoc pacto Quintilianum, uirum illum litteratissimum; hoc pacto denique omnes priscos mandasse: Grecos, Hebreos, Latinos; non solum gentiles, uerum etiam eos ipsos qui ecclesie ac religionis nostre columne sunt. Video in hoc genere esse Augustinum, Lactancium, Hieronimum, Ciprianum, Basilium, qui, cum diuinum eloquium auro argentoque eloquencie uestierunt, semper singulari usi sunt numero. Nempe decorem nos maiorem laudemque et dignitatem attribuimus quamquam pluraliter loquamur. De hoc satis. Valeat dignitas tua feliciter.

9 pre se ferunt: preferunt L

Consimilis epistola ut precedens

Quod ad te scribo nulla me cogit necessitas, sed amor, quem cum in omnes habeam qui ad uirtutum cacumen ascendunt, tum in eos ipsos qui mihi coniuncti sunt aut familiaritate aliqua aut patrie cognicione. Scio te mihi conterraneum esse, et qualis quondam tua fuit uite condicio memorie tradidi. Insudasti optimis artibus quantum fragilitatis ex ingenio apprehendere potui; libros plurimum amasti. Sed longum nunc tempus elapsum est; multi anni preterierunt, in quibus nec unquam faciem tuam uiderim.

Audio nunc te contemplacionis studium postposuisse traditumque esse rei publice, in qua profecto multo maxime uirtus tua ingenium racioque manifestetur. Optimum factu est ne sapiens ueri inuestigacione a rebus agendis abducatur. Virtutis enim laus omnis in accione sit maiores nostri Romanorum clarissimi fecerunt. Censebant etenim nihil esse quod ad bene beateque uiuendum plus conduceret quam colere pietatem et iusticiam in re publica nihilque huic principi qui omnem mundum regit, Deo, quod quidem fiat in terris acceptius.

Sed miraris utpote quod modo ad te litteras do. Nam, ut uerum fateor, neque mihi plane persuadere an ullam habeas noticiam mei, ac nominis memoriam te retinere arbitror. Sed persone an quanpiam habeas cognitionem non uideo. At mira res tibi non appareat, nam iste mihi uite modus est, ut multis scribo quos ad uirtutis gradum proximo sencio accedere. Te fama hominum extollit facundum uirum, ualentemque in causis

18 etenim: enim L   28 proximo: proxime L

controuersiis proclamat. Certe gaudium mihi est singularisque leticia quando talia suscipio imprimisque de eadem terra oppidoque sumus. Cupio uidere uultum tuum et locum in quo es, nam genitor meus in eo natus est atque educatus, et ita quasi quedam specialis mihi uidendi est inclinacio. Dabo operam ut si quando a negociis me remissiorem faciam, oppidum intuebor et non pretermittam quin prestanciam tuam conspecturus ueniam. Tu dabis ueniam, uir honestissime, si preter morem fortasse fuerit tum Latine conficere, nam reor tibi complacitum iri quandoquidem non parum Latinas litteras complexus. Sed quid abs te postulo? Vnum hoc ut paucis mihi scribas innotescasque ualitudinem tuam, fortunam et quidem secundam, pro qua tua in me beniuolencia me tibi debiturum semper cognoscam. Neque, precor, egre feras quod singulariter te appello, nam in hoc Tullium sequor aliosque preclaros uiros in dicendi preceptione. Vale.

Excusans se de opinione alterius et quod binas litteras non acceperit

Nudiustercius suscepi litteras tuas in quibus altera luce binas me accepisse forsitan litteras a Burckardo commemoras, quas mihi tum miseras, et in rebus expediendis tuo nomine, quas suscepisse debuissem, negligentem me arguis. Res mihi aliena est et prorsus ignota; nullam enim a te habui scriptam epistolam preter eam quidem ipsam quam in oracionibus ac in uolumine orationum impositam cum libro ipso accepi. Nihil enim

7 intuebor: intuebar L   22 commemoras: commemores KL

neque de negociis tuis expediendis, ut commemoras, neque de binis litteris mihi constat, neque certe ad me peruenerunt. Videas tu, si quas scripseras, quo migrarunt.

Tum miror qua duceris fingendi delectatione quod Burckardum hospitem meum nuncias, aut quid hec noua sibi uelit excogitacio gradus est, et uelut iter ad suspicionem, neque ad quam partem interpreter plane decreui. Nunc uenio ad aliam accusacionem in qua insinuas me uelle querendo te non scribendo uincere mittendis epistolis. Primus es qui uictoriam illiusmodi consequebare; censeo enim quod multo celeriores manus habeo quam tu dum de dictandis litteris certamus. Ceterum, ut arbitror, si alia tibi succurreret scribendi ratio, illa obmitteres. Cupio tamen quicquid rei fuerit aut quo nunc spiritu sis perductus uelis declarare. Vale.

Narrat quod per fratres sibi missa epistola perdita sit

Scripsisti ad me forsitan per fratres illos qui minores de obseruancia appellantur, qui monasterium in Kemnitz incipiunt, sed ipsi quidem illi epistolam amiserunt. Dixerunt tamen te scripsisse quamprimum a scolis liberarer, te uisitatum uenirem. Miror que causa sit, nam dicebant ut nullatenus obmitterem quin uie me exponerem. Scias me absolui a scholis ipsis, sed uelim quamprimum posses uel per nuncium presencium uel per alium quemcunque posses rem mihi ipsam significares ut cognoscere ualerem ac etiam plane intelligere utilis essetne an ardua

15 Vale: feliciter *add.* L 16 sibi *om.* K

causa impellens, et quo ego possem unquam modo complacerem tue in me societati. Vale.

Scribit constanciam uelle pre se ferre

Etsi multa inter loquendum inciderunt cum in Grymmis fueram nunc cum monachis conferens, nunc cum quibusdam aliis, nullius tamen aut rei aut hominis tanta frequencia incidit memoria quanta certe tui. Neque paucis iam comprehendere possem calamo cuiusmodi plerumque Iodocus Sillanus mihi a te prolata retulit dicta, que, ut sencio, fere omnia in utilitatem meam pergencia.

Times, ut percipio, stabilitatem me non habere. Non miror quia maximam omnes facilitatem in hiis rebus ad faciendam pre nobis ducimus, et postquam ipsa ossibus inheserit nihil pocius quam cedere furori. Verumtamen uirum me agnosco, atque etiam qua ego racione constanciam retineam, summo conatu cogitare soleo. Censeo autem tum fortitudinem amplecti cum me ipsum prestitero racioni mee obedientem. Videbis me a proposito non discedere.

Tu uero tuis in factis erga me quid tibi congruat non ignorabis. Ego autem studio me accingam ut pene omnium, qui me diligunt, amiciciam caritatemque augeam. Eorum uero, qui odio me afficiunt, beniuolenciam ut acquiram non minus conabor. Hoc quidem maxime fieri arbitror dum beneficia in me omnium memorie tradam, tua imprimis ne qua possis (forte si uelis) Paulum tuum persequi accusacione. Clarescit profecto cum te summum

11 percipio: precipio K

mihi amicum fautoremque profitebor. In eo quidem uno quod multorum manus incidet uariaque feret iudicia tunc plane percipies quanti te faciam quantamue tuam mihi esse uelim et quam profuturam necessitudinem. Vale.

Vt quidam ad alium eat et loquatur nomine pecuniarum apud quendam inhibitarum ne cui dentur

Crebrius mecum erat Nachtigal, pater adolescentis Nicolai de Kemnitz, pie defuncti, quem quondam dignitati tue ut discipulum commendaui. Rogauit ipse dominacioni tue scriberem presentibus hiis quidem uiris qui has tibi presentant litteras manuductionem quasi nonnullam prestes ad magistrum N. Sunt enim postulaturi aureos quos unus magister N., ut aiiunt, minus iuste recepit aut arrestare apud alium quemdam fecerit. Quamobrem ego condescendens peticionibus eius, rogans qua ualeo et diligencia et studio iter quoddam ostendas, eum magistrum iam dictum conueniant ac sermones una secum conferant, quod ego quibus unquam potuero rebus erga dominacionem tuam, si alique saltem dabitur facultas, promerebor.

Scribit alium uelle uisitare quare opus non est multa scribere

Scriberem ad te multa nisi forsitan instituissem prope inuisere qualis esset fortuna tua et prosperitas rerum

3 percipies: participies K

familiarum. Scio enim quod me amas et in numero precipuorum amicorum locas. Quid amplius scribam ignoro nisi hoc quidem iam unum quod tantam tibi quantam et mihi exopto ualitudinem.

Petit ut littere incluse
aliis dentur

Optime magister et fautor imprimis care, te oratum facio litteras quidem ipsas in tuis modo inclusas uelis aut ad magistrum Bussonem Blumen in Hallis aut ad Casparem Tobis mittere, et parce ut tam tenacem me in scribendo tuam erga in me amiciciam et quasi liberalem multa iam fuerunt que impedimenta afferebant. Verum tuam haud latere uolo dignitatem mecum instituisse. Finitis iam nundinis Liptzk constitui, atque hec cum ita contingent uidebo, quid studii complectaris qualesque fuerint felices euentus tui ac secunde fortune.

Agit graciam pro munere
sibi dono donato

Suscepi gratanter donum tuum quod mihi dono dedisti, nec quantum profecto munus ualet sed quantam tuam in me benignitatem et liberalitatem intellexi. Ceterum postulas in ipsis quidem illis quas proxime litteris ad me confeceris te quamprimum inuisam. Fecissem ni obstacula tanta fuissent ut absque incommodo meo

11 liberalem: illiberalem L

nequaquam potuissem. Verum si ocio fruerer, tercia feria nunc uentura te uisitarem. Et hactenus de illo.

Sed animaduerte. Fuit mecum persona quedam forsitan, ut arbitror, tibi familiaris multisque obsequens in rebus. Precabatur eadem dominacionem tuam rogatam facerem, eam quatenus amiciciam ei ostenderes. Crederes duos aureos renenses quod erga te ueluti ante egerat promereri conaretur. Ego spem dedi bonam quandoquidem multa liberalitate preditus es. Quis tamen tibi animus sit litteris mihi significato. Vale.

Scribit quantas patitur febres rogatque ut poma sibi mittantur

Non dubito, uir optime atque magne dignitatis, quin in hac acerba mea et amara infirmitate mihi condoles. Tantas sustineo corporis perpessiones ex caloribus uehementissimis ut nisi experiencia cognouissem, uix ulli credidissem morbum illum egrotum tanto cruciatu afficere. Parum comedo, non sinit egritudo; multum bibo, efficiunt hoc calores nimium incensi. Rogo autem dignitatem tuam, si posses, atque etiam si tecum haberentur aut apud illos quibus esses notus et exauditus tua dominacio tantum humanitatis ostenderet poma mihi mitteres aut apud alios impetrares ut mitterentur, quia omni labore et studio, cum ualencior fierem, libenter promerebor. Vale.

19 incensi: incense L

Epistola rogans ut adolescens a beanio deponatur

Cupit adolescens ille, optime magister, deponi a beanio coniungique laudabili studencium consorcio. Fecit me rogatum tibi scriberem in tutelam ipsum tuam reciperes, nam ad te inclinationem habet cum multis aliis de causis tum hac una quod conterraneus eius es. Velim itaque, coniunctissime magister, humanitatem eidem ostenderes ut sentiret meam promotionem sui gracia factam non inutilem fuisse, demonstrasque uiam bonarum ipse possit arcium precepta amplecti. Et siquid consimile acciderit nihil unquam erit quod tuo nomine non accipiam.

Mittit epistolam que facta est ut adolescens a beanio deponeretur

Egisti mecum, reuerende magister, epistolam conficerem pro adolescente ut a beanio deponatur. Habes iam paucis quidem editam. Siquid uero amplius possem efficere quod tibi placitum esset, non obmitterem. Alias uero litteras ad Raynhardum cum dabitur ocium summa diligencia conficiam. Vale.

5 tuam *om.* K 14 deponeretur: deponetur KL 18 efficere: efficerem KL

Increpat quendam quod studium bonarum arcium parua complectitur diligencia

Quondam eximium habuisti litterarum amorem, et miram fecisti diligenciam ita ut non ammiracio me solum tenuit sed quam plurimos etiam alios. Nunc torpes quasi nullum haberes amplius appetitum ad optimas artes. Nescio cur hoc tibi euenit nisi quia infestareris quibusdam negociis alienis. Sed reuera uirum debes te meminisse, quem nihil a bonis disciplinis abstrahit. Vide negocium meum. Multa me iam cura sollicitant, sed non puto me minus quam antea sed magis quoque ad studium applicandum, quod et tu idem faceres uehementer expeterem. Vale.

Scribit de extemporali eloquencia

Cum mecum ipse cogitarem repeteremque sepius animo quid plus conduceret studio tuo ut posses demum extemporalem habere eloquenciam, aggressus sum scripcionem hanc que est quasi iudicium quoddam ad uerum ac rectum iter loquendi. Neque hoc iam ita assumpsi ut putarem multarum scriptarum aut carmina ipsa aut poemata non prodesse, uerum ad intelligendas eorum uirtutes firmiori opus est iudicio, et assiduitas requiritur longi temporis. Et cum plerique de extraneis scribunt rebus, a nostris negociis, tractacionibus alienis, quam difficile sit incipientibus ad quodque nostrum subiicere propositum, neminem latet qui in Latinitatis

7 hoc tibi: tibi hoc L   infestareris: infestare L

amplitudine aliquando uersatus est. Itaque duxi potissimum aliquod de hiis quidem ipsis locutionibus uestris stili norma depingere atque in lucem producere, cuius dum nucleum degustares, forte frequentior propensior insudares, cognitum haberes quanta ego et diligencia et cura intentissima semper te ad huius doctrine sollicitudinem alliciebam, quod et nunc itidem facio.

Propono enim tibi locuciones illas e quibus, si uelis, copiam quandam requires fandi iterque nonnullum ducens ad alia que maiorem in se habent acrimoniam. Tum grauitatem possis et eleganciam retinere et uerborum et oracionum, ac postea diiudicare cuiusmodi inepcias in lucem dant ipsi illi quorum opera non in bonis artibus sed uelut in umbra posita est arcium. Tu, coniunctissime Martine, ita te applicato fructum inde possis excerpere. Poteris autem si non laboribus peperceris, si usum comparaueris, si denique discretionem habueris inter barbarum Latinumque sermonem, atque hoc postremum, si uestigia mea insectabere, fueris consecutus ut summos auctores peritissimosque orthodoxe fidei doctores cupiditate inflammatus animi legis alacritate, et ceteris eosdem semper anteponis qui suam ab hiis tanquam e fonte quodam scienciam hauserunt.

Scribit de inerti qui Latinas litteras contempsit

Conuenit me homo magne dignitatis, parum uero intelligens in Latinis litteris, prope dixerim nihil.

4 propensior: propensiore L 7 nunc: tunc K 20 peritissimosque: peritissimoque K

Conspexit uolumina nouissime iam empta qui cum intueretur lippis oculis et preter titulorum exordium non unam intelligeret rigam, impudico ore, amplis labris, tumidisque contumeliosis uerbis aiit: "Quid enim hee scurrilitates ac inepcie uobis prosunt cum de lubricis rebus ferme omnes sunt poete?" Fui tum anceps quicquamne respondere uellem, uerum ut non uictum me reputasset, nonnulla Ciceronis accepi uerba quibus defensum clarum illud lumen sacrumque decus habebam. Is autem, non assuetus in huiuscemodi locucione, dedit operam ut et sic loqueretur. Mira audisses; quanto magis exornare uoluit tanto plus deficit; nihil Latinum, nihil elegans, nihil exquisitum suscepisses. Quem cum deriderem erubuit in facie; plane confessus est ignoranciam suam. Hec te scire uolui.

Rogant quo pacto scienciam consequi debeant

Bartoldus et Cibalus Arnoldo salutem plurimam dicunt. Adeo est dilatata, suauissime Iohannes, fama tua quam singulari conquisisti litterarum studio ut non modo loquuntur litterarum studiosi, sed eam quoque popularium uoces celebrem predicant. Equidem gaudemus quod diuina clemencia huiusmodi ex nostris suscitauit ingenium cuius bonitate quiuis allici potest ad uirtutum doctrinam.

Verum noscis que uita nostra sit, et in qua uersamur ignoratione. Cupimus itaque nos emendare, maxime quia nobis studendi prebuisti exemplum. Quapropter

2 preter: propter K 3 amplis: amplius K 15 uolui: Vale *add.* L 19 dilatata: dilata L 25 et *om.* K

dilectionem tuam rogamus paruulam saltem ostendas manuductionem itaque ut in capescendis scienciis tutissime proficisceremur, atque etiam quibus laboribus ignoranciam illam paululum repelleremus. Neque si aureos dono donares nobis montes, plus debituros nos tibi cognosceremus.

Responsio

Littere uestre et quidem iocunde peruenerunt ad me, in quibus tantum mihi tribuistis quantum ego agnosco nec postulo. Verumtamen ita meam nunc uitam institui ut malo in falso laudari quam in uero uituperari. Rogatis autem a me studendi racionem et modum quendam quo securius ascendere possetis ad scienciarum fastigia. Nequeo certi aliquid respondere ni plane intelligam uite uestre tractationem et quibus proprietatibus arcium insudare soletis. Que cum ad me scripseritis si quam ualeo preceptionem, demonstrabo. Valete.

Cibalus et Bartoldus Iohanni Arnoldi salutem plurimam dicunt. Difficile nobis est, perdulcis Iohannes, mores nostros et quibus inanibus rebus uersamur reuelare, et nisi, ut aiis, ad sciencie pertineret argumentum, nullatenus uitam nostram tam enormem tanque corruptam manifestaremus.

Nempe sic uiuimus. Primum quando patriam reliquimus, non petimus particularia in quibus studium floruit, sed intrauimus scholas paruorum oppidorum, in

3 proficisceremur *om.* L 15 tractationem: tractionem L 17 Valete *scripsi*: Vale KL 21 pertineret *scripsi*: pertinere KL

quibus nec doctrina aliqua erat nec sciencie commendacio. Custodibus ecclesiarum fuimus familiares traximusque campanarum funes. Ab omni nos dimouimus honesto negocio, quod si accideret interdum ad bona nos reciperemus particularia, disciplinas nulla prosecuti sumus diligencia nullosque compleuimus actus. Si quando contingeret ut essemus aut in scolis aut in choro, apparuit longior hora quam dies dum spaciandi gracia in plateis deambularemus. Nullorum suscepimus preceptorum uerba. Quicquid dicebant parui fecimus. Scholares abstrahere ceteros a dogmatibus conabamur, omnemque fugimus castigacionis modum.

Itaque nihil scimus, nihilque intelligimus, asinis persimiles sumus, quibus nec racio est nec appetitus ad aliquos honestatis gradus, atque omnes, ut summatim dicamus, bonas litteras frequenter aspernati sumus. Musicalia instrumenta, laycorum consorcium, tabernas, coreas, puellarum ac mulierum fauorem curauimus. Nunc si quod posses remedium prestare pro quo tuo erga nos beneficio, quicquid possemus perficeremus libentissime. Vale.

Responsio

Iohannes Arnoldi Cibalo et Bartoldo salutem plurimam dicit. Vidi epistolam uestram, quam cum intuerer, summum concepi horrorem propterea quod ignorabam an uobis consulere prosit necne. Difficile est consuetudinem longo tempore assiduitate corroboratam relinquere, neque aliud quoddam grauius bellum est quam cum quispiam sibi ipsi repugnat, hoc est consuetudinem

1 nec (1°) *om.* L   19 prestare: prestares KL

cum repellere conatur. Quod si fortes esse uelletis pugiles et incredibili quasi laborum tolerancia quadam uires adipisci, forsitan consolacio nonnulla fieret uobis, sin minus, nihil sane molestum uobis dicam.

Ceterum ne oracionem protraham id primum suasurus uenio, sentinas uiciorum in quibus hactenus iacuistis dimittatis, et ad N. uos recipiatis, oppositumque uite uestre induere non recusetis. Preterea si antehac nullos compleuistis actus, nunc uero et diligentissime complete uel minimos quidem. Obseruate preceptorum statuta, eosque non minus quam aut studium ipsum aut parentes diligite. Castigacionem uero, siqua pro delicto infertur, pacienter sustinete.

In eo quidem loco dum per quindenam fuistis ad me scribitote, et si a meis uos tum persuasionibus discedere non senciam, plura precipiam que in utilitatem uobis pergere existimo. Valete.

Narrant quidam quod secuti sunt alicuius consilium

Cibalus et Bartoldus Iohanni Arnoldi salutem plurimam dicunt. Secuti sumus, optime Iohannes, consilium tuum. Nunc enim elapsa est quindena, quod in particulare istud ingressi sumus suasu tuo, in quo huiusce est studium ut nimirum breui in tempore ad ipsum applicati claros crescunt in uiros. At magister nimis durus est uehemensque ad corrigenda facinora. Haud secus ac

7 ad N.: id in L oppositumque: ut oppositum L 8 induere non recusetis: non recusetis induere L 11 eosque: easque L 20 Arnoldi: Arnoldo L

pueriles et primam agentes etatem quenque ipse tractat. Paruulo pro delicto discipulos ita increpat ut interdum percussiones maiori toleremus paciencia plus cencies. In hoc breui tempore animus fuit nobis recedendi. Collaterales nos <admonent> ut magistrum tenere necesse est, sed quoniam ita instituimus nunquam uelle a persuasionibus tuis discedere etiamsi magna preterea subiremus pericula, tantum apud nos tua ualet preceptio quantum alicuius hominis ualuit. Venimus rogaturi ampliora uelis scienciarum precepta ostendere ut tandem insciciam nostram propulsaremus. Vale.

Responsio

Iohannes Arnoldi Cibalo et Bartoldo salutem plurimam dicit. Bene de uobis sperare incipio si meo nunc a consilio non discedatis. Timui uehementer ne animi propter molliciem ac instabilitatem propositum uestrum abiiceretis. Verum in eo loco estis ubi studium maxime uiget, estisque sub tali preceptore a quo uitam in dies meliorare potestis, ac demum autoritas uiri doctissimi partim splendorem, partim ciuitatis famam procul dubio affert. Sed quod res illa aspera pene et intolerabilis uidetur, nulla me tenet dubitacio, nam inceptio quauis in re omnibus hominibus grauis est. Cum uero consuetudinem studendi faciatis sencietisque profectum uobis inde euenturum, non modo non aspera uidebitur, sed res quoque iocunda et dulcis.

Postulatis alia precepta. Id primum mando, de quo ammirati estis, collaterales tanto afficiatis honore quanto

5 admonent *addidi* 20 famam: fama KL

soletis prosequi rectorem ipsum. Venerit interdum usu ut plus doctrine a collateralibus quam a magistro suscipimus. Iam precipiendi facio finem donec significaueritis qui actus uestri sunt, que lectiones atque exercicia.

Responsio

Cibalus et Bartoldus Iohanni Arnoldi salutem plurimam dicunt. Actus nostri pro diuersis diuersimodi sunt; ut cuiusque sit ingenium dispositum, inquiunt preceptores, ita quoque debet aut ad altam sese applicare materiam aut ad humilem. Primum elegimus Petri Hispani quosdam tractatus pro his quidem qui maioris sunt intelligencie ac dialectice student. Eadem sub hora primam *Doctrinalis grammatici* partem elegerunt. Actus est legibilis magno in uolumine, quem ipsi librum Hugucionis nuncupant. At etiam exercicium est quoddam in modis significandi, quoddam in oratoria arte. Auctoris uidelicet Ciceronis reor eam materiam *De officiis* appellant. Postremo composita practicantur uerborum, declarabiturque liber nonnullus Eberhardi, quem Grecistam cognominant.

Habes iam ac plane intelligis, coniunctissime Iohannes, modum studendi, qui nostra obseruatur in schola. Speramus ut quemadmodum aliis in rebus quamoptima dedisti consilia sic quoque assis instructione ad quod potissimum nos applicaremus, innotescasque etiam qui ex hiis libris et autoribus maiorem nobis allaturi essent profectum, quo nihil esset utrisque nobis acceptius aut gracius.

13 Actus: Actusque L 26 allaturi: allaturum L

Ad illam responsio

Sat plane suscepi modum studendi schole uestre, uerum ut modum discernendi habeatis inter libros non inutile arbitror. Animaduertite quid dicturus sum et delectum habebitis quorunque actuum. Principio Petri Hispani logicam nequaquam negligite. Dialectica dempta cetere sciencie atque artes nihil possident disputationis nihilque probationis, at uolumen istud Hugucionis immense magnitudinis non magnum commodum uobis affert, minusque Eberhardi tradicio. Rarus est rariorque coruo albo qui doctus ex hiis euasisset grammaticis: *Verba Composita* ac *Deponentalia*; queque etiam que consimilia sunt pro temporis sunt protractione ab his quoque quantum poteritis uos abalienate.

Sed quid de Ciceronis dicam officiis? Que talia sunt, omnium ferme philosophorum libris precellunt qui moralem explicant philosophiam. Non solum uidebitis philosophie precepta sed stilum etiam autoris oratorisque eruditissimi. Hunc uos summo persequimini studio ac quidem ita diligite ut nihil maiore a uobis diligencia afficiatur. Reddet enim quemque eloquentem scientificum ut etiam quanque materiam facit facilius percipere poteritis. Quod si feceritis prope est ut euadetis non modo docti, uerumetiam multis doctiores.

8 at: aut K 14 abalienate *scripsi*: abalienare KL 17 moralem: mortalem K 22 materiam . . . percipere: nimam [*sic*] facilius L 23 euadetis: enodetis L

Deridentur litterati a laycis quod solis eclipsim totam prenosticabant et non euenerit

Tanta apud nos derisione, optime fautor, omnes pene afficiuntur litterati, quod nullo possum satis sermone explicare, propterea quod in eclipsi non prorsus sol obscurabatur atque, ut uerum fateor, et ipse nunc de hoc admiror, nam omnes fere astrologorum libri scriptaque eorundem solem penitus eclipsari predicabant. Tu si huius rei causam ad me scribas, rem facies gratissimam. Vale.

Responsio

Non te permoueat popularium clamor quod solis non uenerat eclipsis eo quidem etiam pacto quo ab astronomorum iudicabatur doctrina. Fit enim aut raro aut nunquam tocius orbis per spacium, itaque habeto quamuis apud nos per eclipsim sol non omnino obscurabatur, versus tamen meridiem omnino extinctum fuisse. Id certe ipsi uoluerunt astronomie studiosi. Eam ob rem laycorum a te propulsa oppositionem, qui crebro plus odio in doctos uiros commouentur quam racione aut causa honesta.

Queritur quid solis eclipsis significat

Querunt a me multi quid solis ipsius designat eclipsis. Nulla uero mihi est in astronomia sciencia, itaque nullis respondere ualeo. Te uero precatum facio, qui multa

25 uero *om.* K

nouisti in hac arte, siquam habes significationem, mihi innotescere uelis ut et his ego qui ex me scire cupiunt quandam huius quidem solis proprietatem extinctionis, edicere queam.

Responsio

Multa est significatio eclipsis. Primum caritatem annone designat, tum lites pestemque ac plurima mala. Sed racionem habeto ne illa uulgo ut uerissima dixeris, nam princeps ille qui totum regit mundum in melius uertere potest, itaque populo dicendum est Deum timeat. Quod si non fecerimus, signum illud sit grauissimo uelit nos malo constringere. Vale.

Cur Bohemiam tam repente reliquit

Retulerunt mihi parentes tui, perdulcis amice, te esse in Bohemia. Pridie uero ad me rumor delatus est te rediisse; mirabar uehementer quid rei esset tam repente terram illam te reliquisse, que cum sic animo uoluerem, non potui non ad te scribere. Tua si societas causam huius rei stili officio designaret, nihil foret quo magis complacitum iri mihi posses. Vale.

Responsio

Animaduerte, et causam quam postulas facile intelligas. Recepi me ad Bohemiam Bragamque conspicere arbitrabar, sed in medio itinere rumor exortus est omnes

4 queam: Vale *add.* L   19–20 complacitum: placitum L

uiarum aditus latronibus esse preclusos propter dissensionem prouincie ipsius. Quod ego considerans reuerterim ne periculum et forsan graue inciderem. Hec est causa reditus mei. Vale.

Petit ut narrentur an uera sint que de Bohemis narrantur necne

Multa de Bohemis dicuntur que lamentacionem pocius quam ammiracionem afferunt, sed dubitabam uehementer an ea quidem ipsa a multis narrata uera essent. Tu cum in eadem fueris prouincia firma possis certaque ad me scribere. Fac enim ut noscam illa ipsa que magnopere scire cupio, neque nunc quicquam est quod ardenciori animo percipere exopto. Vale.

Responsio

Postulas rem lamentacione plenam describam. Est enim horrendum dictu at sperant qui Christiane religioni se subiectos profitentur Deum in melius omnia uertere. Ne autem desim ardenti tuo desiderio, scribam ad te iam omnia quoquo se pacto habuerunt, saltem si ab hospitibus meis ad quos diuerterim, uera audiuerim. Equidem Brage duplex fides erat: Cristianorum una, hereticorum uero altera, qui specie sub utraque communicant. Fuerunt in diuinis officiis oracionibusque sacri eloquii prorsus diuisi, atque etiam utraque pars suas habuit ecclesias suosque sacerdotes.

1 preclusos: preclusas L   5 an *om.* L   17 subiectos: subiectas L   in melius omnia: omnia in melius L

At paucis annis iam elapsis multi conuertebant se ab heretica prauitate ad fidem catholicam. Ipsi uero scismatici cum animaduerterent, consilia iniuerunt qualiter Cristi fideles ab hominum delerent consorcio. Facta autem conspiratione quandam habent campanam, ut arbitror, in eo templo quod Teyn cognominant. Pulsabant ut fieret communis populi congregacio. Eius uero pulsus significacio est ut omnes propter fidem concurrant si quando uiolenciam paciatur. Facto igitur pulsu hereticorum concio omnibus armis et in tribus quidem ciuitatibus sese congregauit. Consules ex Christianis de pretoriis proicientes, postea quos nouerunt Christianos in domibus captiuabant, spoliabant, et turpissima morte necabant—alii decollati, alii uerberibus adeo uulnerati ut eos immatura nex uita priuabat. Tum monasteria ceterasque ecclesias destruxerunt, depulerunt ab oppido sacerdotes nostros. Postremo sedato paulisper furore ipsorum siqui adhuc fuerunt fideles, proscripserunt.

Rex quidem antehac cum principibus quibusdam illustrioribus fugiebat in Morauiam propter pestis intemperanciam, ad quem cum deferebatur Bragensium infidelis uiolencia, tristi animo lamentabilique electoribus conquestus imperii, implorans ipsorum presidia contra perfidos Romane ecclesie hostes. Sed nihil maiestas sua consequebatur. Dietas habuit nonnullas cum Bragensibus quando barones ac relique Bohemie ciuitates adessent. Tum re illa pacificata rursus rex ipse in Bragam ingressus, et prima die iterum congregata uulgi inercia uix quorundam consilio nobilium sedari potuit ne impetum in regem suosque faceret. Regia maiestas perterrita collegit

14 nex: nox L 27 re: res KL

omne sanctuarium, cruribus imposuit, contegensque retibus quasi uenandi delectationem suscipere uelit. Cum sanctuario illo ceterisque clinodiis et preciosissimis quidem euasit. Ita res pendet in dubio; nemo alteri fiduciam prestat. Habes iam que de Bohemis ipse in Bohemia perceperim. Vale.

Notificat quendam ex studentibus esse interfectum

Si quando iocunda tue in me societati expresserim, feci re uera ut hilariorem te facerem ac etiam tempus ipsum tulerit. Nunc autem tristiciam afferunt dies illi tristia scribere, et lamentatione digna euentus cogunt. Tu nosti Cristoferum N. Liptzk uitam degentem, qui librorum extiterat ligator. Pridie is gladio interfectus est. Nosti personam eius quam recens erat. Potuisset certe ad magna peruenisse, sed societas eum et quidem eorum qui studium non curabant seduxit. Fata terminum sibi dederunt uite sue. Migrauit subito ex mortalium uita. Meror est studentibus qui eum nouerunt. Hec te scire uolui. Vale.

Dicit se uulgarem epistolam pro qua rogatus erat in Latinum transtulisse

Voluisti uulgarem epistolam in Latinum transferrem. Feci cupide cum honestum sit negocium, tum quia propter summum in me amorem tuum nihil esse debet quod te iubente inuitus aggrediar. Feci quantum potui ut in ipsis semper esset similitudo. Tu eas bene prospice, nam si ita essent littere ille translate ut quandam conciperes complacenciam, gauderem uehementer. Vale.

Dicit quem quesierat non inuenisse

Luce preterita quesitum te ueneram. Pulsabam clausum hostium ut crepitaciones e ferro tum echo ex angulis ac cauernis resonabant. Misertus tui primum, credens tanta assiduitate laboribus te insudare, prestolabar paululum. Quanto autem diucius moratus ego tanto minus aduentasti. Proripui me inde subirascens tam uane credulitati mee, cogitans ubinam te inuenirem. Forte casu accidit quodam ut priusquam domum exirem, mulierem habui obuiantem, eaque cum percontabar te apud Philorcium esse dicebat. Neque ego tantis negare uerbis potui te illic esse quantis eadem institit. Victus abiui; mirabar te his rebus tantopere incumbere.

Preteriui domum N. Arnoldi. Venit uero non sine beniuolencia quadam in mentem commodius esse abire. Quod si intrarem, interrogassent et inopinatus respondissem id unum me effugere in eas ipsas cogitaciones sermonesque, et quasi precipitacione prorumperet amica te uti familiariter, tum infamia dedecusque proinde succreuisse potuisset postea quam scholas condescenderem.

Itidem animo repetere cepi prius memorata et acriore iudicio, inuestigansque incidit suspicio, “Riualis suus hic est.” Ignoro tamen an probe opinatus sum.

7 prestolabar: prestolabor K 17 esse: me *add.* L 19 effugere: fugere L 20 precipitacione: participacione K 22–23 condescenderem: conscenderem L 25 inuestigansque: inuestigans L

Que si illa quidem ita sunt, magna coniuncti estis necessitudine, ac signum est profecto sapientis et minime curare exponereque in partem meliorem ne quis propter huiuscemodi iuuenculas inimiciciam contrahat cum eo quem antehac summo persecutus est fauore. Sed animaduerte profuturum esset non eiusdem frequencia femineis oblectacionibus adheresceres, et uigilancia prospiceres quo pacto copiam dicendi ac summum eloquencie studium nanciscerer. Studium est et racionis et officii, quod cum feceris nulla sequetur penitudo.

9 nanciscerer: nanciscere L

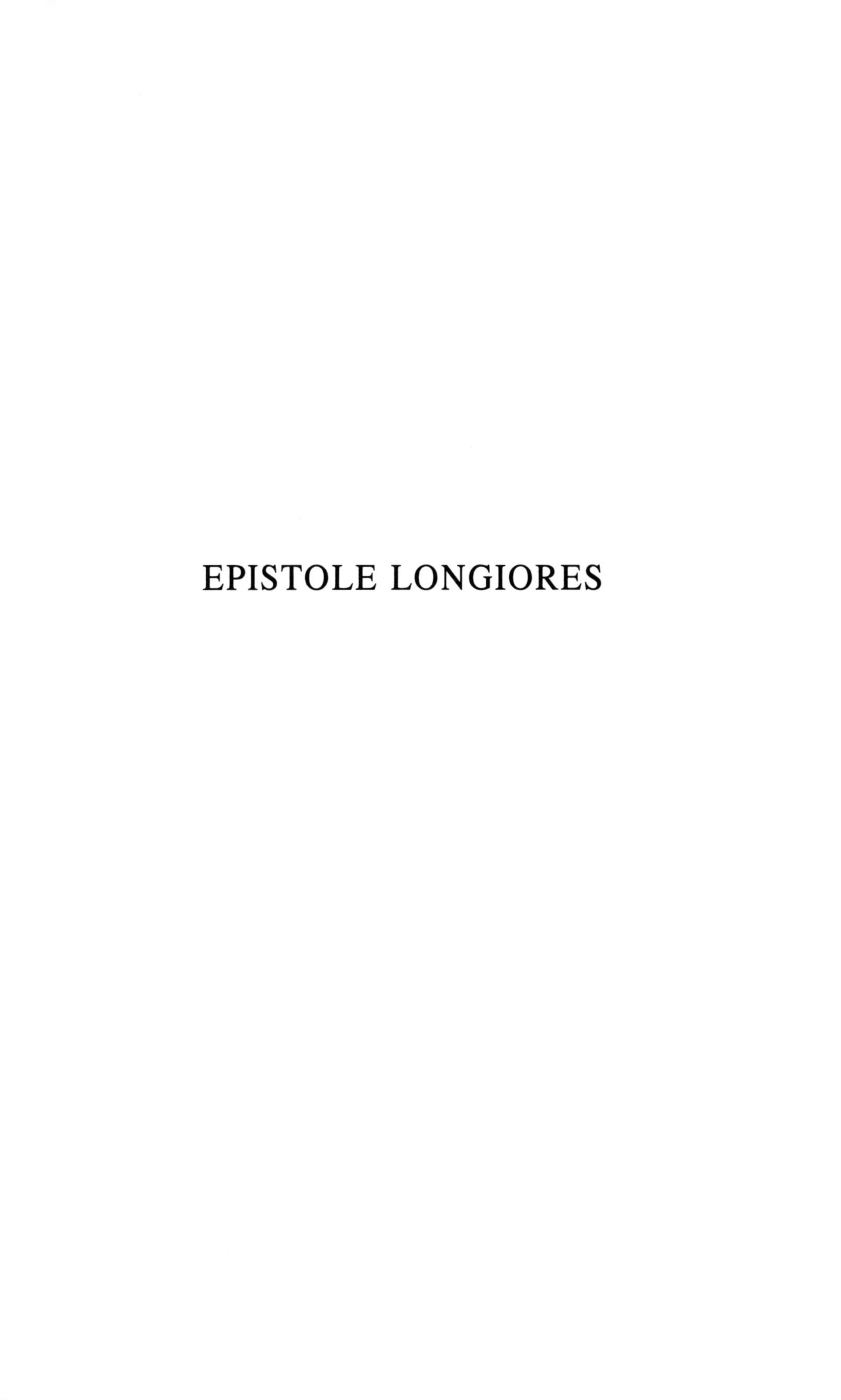

EPISTOLE LONGIORES

EDITIONVM SIGLA

K	*Bayerische Staatsbibliothek*, 4° Inc ca 1126 (Hain 11736)
M	*Bayerische Staatsbibliothek*, 4° Inc sa 1327 (Hain 11734)

EPISTOLE LONGIORES

Paulus Niauis, arcium magister, honorando uiro, Andree Hubner, archidiacono Tobnensi, commendatorique et plebano in Plawen, domino et fautori suo colendissimo salutem plurimam dicit. Magnam concipio et incredibilem fere animi delectacionem, suauissime preceptor, si quando incrementum considero, quod humanitatis studium in nostra regione nostroque seculo suscepit. Nam que quondam rudia exciderunt ab omnique ornatu semota, splendore oracionis iam quasi floribus quibusdam excoluntur, ac omnes animi tractationes, que uel reconditis artibus percipiuntur uel in quadam rerum uersantur difficultate, candescunt ea sciencia, que in medio ponitur et usu et sermone hominum, quam dicendi preceptionem nuncupamus. Videtur sane tempus hoc redire, quo aut Corax Siracusanis pulsa tirannide, aut Gorgias Leontinus Atheniensibus eloquencie tradidit doctrinam, aut forte illud quo Demostenes omnium eloquentissimus Eschinesque floruit. Adeo certe non solum preceptores insudant uel hii quoque uiri huic studio, quibus insignia sunt uirtutum, sed etiam pleraque iuuentus hunc pre se fert animum, ut equales superare, maioribus uero par possit uideri profecto certamen honestum, quandoquidem exercitacionis causa et acquirende sciencie nullum abiciunt laborem a nullaque abhorrent lucubracione. Nempe diuina iuuat impressura Moguncie (uti ferunt) primum reperta tandemque ab Italis suscepta, que omnis antiquitatis omnium codicum ad nos omniumque scienciarum cognicionem pertulit, ut plane

9–10 excoluntur: extolluntur K 11 percipiuntur: precipiuntur K 12 usu: uisu K omnia uidemus rerum gestarum preclara facinora.

Itaque parum abesse puto preterquam que de nostris iam negociis pauca litteris mandata, ne forsitan sola antiquitas obscuritatem afferret. Quibus de causis haud inutile duximus epistolas, datis et mediocribus modo et breuibus, quasdam longiores perscribere, que ad extempore dicendi racionem plurimum conducunt. Sunt autem ille quas ad familiares nostros propinquosque misimus, pro quibus magnopere rogati in unum collegimus et impressure accommodauimus, ut ad multos possent correctiores peruenire.

Ceterum, ut priores misimus ad Dominacionem tuam, tanquam ad iudicem earum, qui ipsas quoque illas non modo correctionis lima emendare, sed etiam, siquid ornatus in his splendorisque oratorie artis contineatur, penitus intueri possis ac etiam ea quidem una re perspicere quanti te facio quantaque amplitudinem tuam dilectione et persequor et obseruo. Vale.

Reprehenditur quidam qui studium humanitatis uituperauit

Cum repetere cepi, uir optime et prestantissime magister, ea que de studio humanitatis depromsisti, uix satis ammirari possum quod disciplinam illam et nobile decus deprimere conaris. Si prophanus, si ignauus quis foret, minus imputandum autumarem. Verum cum sis uir clarus, multaque lectitasti in preceptionis racione, stomachandum est sanis ingeniis quod hanc tibi uendicas

2 que: quod KM 6 perscribere: perscriberem KM

opinionem. Nam apud priscos, quos antiquitas ueneratur, nihil fuit tante reputacionis, nihil tam profuturum ad diuinum humanumque splendorem duxerunt, atque apud Romanos quondam, si historiis credere debemus, nullus *in re militari, nisi idem in litteris prestans uideretur.* Hii certe, qui linguam Latinam ampliabant, maiori honore afficiebantur, quam qui imperium propagabant, quandoquidem ab ipsis multa beneficia in homines collata sunt. Etenim maiores nostri comparacione quadam militares et gladio defendentes patriam regios homines nuncupabant, nostros autem Latinas litteras exornantes diuinos, nec fortasse iniuria, nam plerumque magis sapiencia quam lancea partum est in republica.

Neque iam sapienciam multum conducturam existimo sine eloquencia, propterea quod illos quibus prodesse debeant persuadere nequeant, at, ut ego reor, disertum uirum facundumque reperiri sine sapiencia non posse. Cur hoc? Nam dicendi facultas ex intimis sapiencie fontibus fluit, ut ingenue pluribus et libris et epistolis Tullius noster testatur. Recognosce mecum, probatissime magister, nonne omnes artes, que liberales uocantur, humanitatis cura conscripte sunt, omnes leges edite, omnis uia ad sapienciam munita? Certe confecit illa doctrina ne barbari amplius appellamur. Placet intueri omnia studiorum genera.

Mecum sencias necesse est nihil magis conferre in hiis ipsis quam imitari doctiores et eos quos duces

4–5 Valla, *Elegantiae*, Praefatio in librum primum, p.3.

3 humanumque splendorem: humanum splendoremque KM

principesque profitemur in tali facultate, atque, ut ego opinor, quisque qui releuate racionis est curam gerit primum ut bene loquatur. Qui excellenciores sunt, obsecro? Nonne Tullius est, quem singuli patrem eloquencie uocitant? Nonne Quintilianus, qui proxime ad hoc negocium accessit? Nonne plurimi alii fama et nomine illustres? Atque, ut uetustissimos obmittam artis scriptores, et Coracem et Chtesiam et Gorgiam, nostros quodammodo negligimus.

Cogitemus nunc quibus libris nos insudauimus, quos codices perlustrauimus, quando loqui perdiscere conati sumus. Fuerunt *Composita uerborum*, *Verba deponentalia*, *Eberhardus*, *Modi significandi*, pluresque libri qui stulciores reddunt discipulos quam accipiunt. Nemo nobis Ciceronem nominauit, nemo Quintilianum, nemo Terencium, ideoque ut iam plane intelligo tam facundos eos esse ut ex ipsis, tanquam ex carbonariis lux, lucescit eloquencia. Siquis eos loqui audierit, frendentes pocius audire possit porcos. Quis ex emulis istis emendatam pre se fert sermonis preceptionem? Siquid euomunt, tumencia faciunt labra, *duriter aliunde uerba translata* complectuntur, *ad aridum ueniunt et exangue genus oracionis*.

Deprecor, effare, coniunctissime magister, qui legati officio funguntur in rebus arduis ac uehementer pertinentibus et ad priuatas res et ad publicas num disertissimi? Quis collegit feros indomitosque homines in unum locum, et congregauit atque induxit unamquamque in rem utilem et honestam nisi eloquens, uir et magnus, qui graui et pregnanti oracione persuasit? Ais forsitan, gentilium

21–23 *Rhetorica ad Herennium*, 4.10.15; 4.11.16.

hec opinio est. Animaduerte, oro, qui religionis nostre sanctissime *columne sunt* utique eloquenciores *Augustinus*, Hieronymus, ceterique *qui in omni etate diuini eloquii gemmas auro argentoque eloquencie uestierunt*.

Et si ultro citroque conspicari uoluerimus, tum comparare omnium litterarum studiosos, ceteris reuera eloquentes prestant *qui* legibus *student* aut *canonibus, aut medicine domum priuatam ornant. Nos ornemus domum Dei, ut in eam ingredientes ad religionem concitentur.* Intuere sagacius, reperies eminentissimos uiros non solum apud gentiles, uerum etiam apud Hebreos floruisse, qui studiosissimi lingue Latine existebant, cuius apud omnes gentes maximum fuit in sapiencia nomen Moyses; poeta appellatur. Est in eadem reputacione Daniel sapiens et sacer ille uir Dauid. Haud de illis ab re loquor cum ipsi apud sacerrimos uiros Cristiani cultus id obtinuerunt. Cur eos non reprehendamus si praue operati sunt? Cur non abiciamus si rebus inanibus circumamicti sunt? Quare non omnes gentilium libros seculariumque uolumina repudiamus in quibus benedicendi uidemus diligenciam?

Nempe, ut licentius edicam, qui cogitaciones suas litteris mandat in re presertim grauitatem habente insanissimus est, quamquam ego uideo neminem qui non libenter et facunde et compte dicere uellet. Hec cum ita sint quare uerbis denigrauimus perspicuum magnificentissimumque facinus quod, *ut aiit tragicus, regina rerum est et perfecta sapiencia*? At obicis, ut puto, ex legibus ceterisque libris illa hauriamus. Non repugnabo pertinaciter, uerum tela mea nondum fregerim.

2-4 Valla, *Elegantiae*, Praefatio in librum quartum, p. 120. 7-9 Valla, loc.cit. 26-27 Idem. Cf. Pacuuius (Ribbeck 177), apud Quintilianum, *Institutio Oratoria*, 1.12.18.

Ausculta diligencius, et que dicam trade memorie. Ex hiis quos memorasti libris elegancia comparatur. Principium autem et origo in Tullio est. Pocius autem in fonte quam riuulo potandum est, equidem in omni tractacione que ad honestatem pergere uidetur. Nulla tam ampla tamque frutecosa est quam hec animi exercitacio.

Videmus iurisconsultos, qui paraciores appareant in his quidem proprietatibus, que ad casus pertinent; in ceteris nihil senciunt uel parum. Quot comperti etiam, qui insignia doctoratus susceperunt, loquendo deprehensi sunt, ac demum eo peruenere ut incongruitatem uicium non censent! O extremam ignoranciam et barbaricam illam! O derelictum obrutumque ingenium! O manifestissimam insaniam! Preceptores esse uolunt iuris ceterisque anteponi studiosis, et in quenque ipsi infantissimum prorumpunt sermonem. Ipsorum est et puerilis et illota locucio. Cernis nunc, perdulcis domine, quomodo errant illi et uelut in tenebris cecutientes sermonis eos sui penitet, sed ambiciosi sunt atque elate mentis. Nihil rectum, nisi quod faciunt, existimant, et pertinacia quadam defensare elaborant ut in eis inscicia illa non denotetur, maximeque illiusmodi tumidi insipidique ac insolentes culpandi sunt, atque temeritate increpandi, quoniam culpa eorum Latine littere iacturam naufragiumque susceperunt, et quasi ad interitum peruenerunt. Conspiciamus preclarum illorum animi conatum, qui tamen insulsi sint alienique ab omni uero. Dolent ut ceteri proficiant; miserrimum id est hominum genus atque adeo dignissimum odio et omnium abominacione. Hii enim indigni sunt, uerba de ipsis fiant. Agnosce quorundam tradicionem; uolunt uideri, ac si

18 sermonis: sermoni KM   20 existimant: estimant K   30 ac *om.* M

ceteris essent erudiciores, et quicquid aut legunt aut docent sine glossa, non intelligunt. Qualis ille preceptor est, qualis instructor! Non modo discipulos negligit, sed se ipsum fallit atque decipit. Proinde est ut lucidissimam materiam suauiterque scriptam et a uiris perspicacissimis traditam animo complecti nequeant.

Loquar iam apercius—pauci dies preterierunt. Quis hoc modo uitam agens a Latino decore decessit? "Multi," inquit, "regraciantur mihi qui mecum erant." Nisi insignia habet uirtutum, protulit quod barbarum est pocius quam Latinum. Parum ille legit, minus intellexit. Nostri "graciam agere," "graciam referre" dixere. Nonnulli nostro euo "leripipium" dicunt, "artista," "legista." Non agnoscunt remotissima hec nomina fore a dicendi preceptione. Recordor enim sagacissimum quendam uirum publice explicasse preter unum in "-sta" terminata non comperisse nomina, uidelicet "hottasta," permulteque alie sunt in nostra locucione abusiones, que ab indoctis quibusdam incultisque uiris ortum accipiebant et sepenumero inepcias in apertum ducunt, que repugnant et Hebreis et gentilibus et Grecis. Quid dicam de epistolis conficiendis, in quibus quinque asserunt partes? Nullibi uisum est apud fide dignos. Quid de soleocissimo illo cum unum quasi plures nominamus? Estne soleocissimus "dii boni," inuisere licet Donatum in opere suo ampliori, qui lucide exclamat soleocismum. An ritus Marci Tullii sit singulares sic applicare personas? Non certe. Quid in fide nostra sanctissima? Omnes enim congruitatem retinuerunt. "Fac," inquiunt excellentissimi uiri, "presta." "Pater

7 preterierunt: preteriunt K 8 Quis: Qui KM hoc: hic K 24 soleocissimo: soleocismo K

noster qui es," non, "qui estis." Sapiencioresne sumus illis? Quis audet dicere aut uerbis affirmare?

Queris, ut arbitror, euasionem; "mos patrie est." Sed mala, sed preter raciones, sed preter maiorum autoritatem. Bone uir, num pudor imprimis esse debet impedimento et uetustissimorum tradicio ne fiat? Informe est et indecorum ab illis uiris dissentire. Sed obicis, magister N. multam operam in hoc studio consumpsit et eloquens non est. Quid ostendis in uno homine? Etiam si natura sibi non esset adiumento, consimile est in ceteris facultatibus. Quot uidemus ydeotas in artibus, quorum dextra quot digitos haberet non norunt, quot pedestres in theologia? Nec idcirco spernere sacras solemus disputaciones, et infiniti in medicina, item in utroque iure comperti, qui emergere nunquam potuerunt nullamque hominum consecuti laudem, sed neque preterea ab eorum preceptione abhorreamus. Equale est in hoc negocio; non quia hic homo parum assecutus hanc aspernari scienciam oportet. Duc in exemplum quorum nomina egregia sunt et qui in uita humana hec studia maximopere coluerunt, et perspicies procul omnium hesitacione que uidere gaudes.

Aliud obiectas: "preceptores nulli sunt." An Dominacioni tue respondeam? Si dixeris "pauci," uerissimum erit uerbum tuum; sin "nulli," longe a te dissencio. Scitum est iampridem quendam Liptzk fuisse qui aliqua satis utilia opera et poetarum interpretatus; et si illa parui facis, propterea quod non resumpsit aut Plinium aut Titum Liuium, erras uehementer. Quippe beatum Hieronymum in apertum duxisse notum est dempto Virgilio neminem in poetis Terencio prestanciorem. Ouidium flocci facis,

26 si: quasi KM

qui unus e summis semper habitus est poetis. Crede, inquam, inglorium est atque ad extremum ab honestatis gradu uiro tam scientifico detrahere. Quid aiis de nobilissima Ciceronis oracione, quam pro Milone, uiro fortissimo, perorauit? Eam luce clarius (ut predicant) exposuit. Neque facile inueniam quid plus poetice dignitatis obseruat quam et Iuuenalis exquisita et Persii dogmata. Non enim, ut in singulis operibus excellentissimos habeamus interpretes, sed cum partem imbiberimus, lumen in ceteris contemplemur, itaque alterius lumen candorem sequitur alterius. Nostri dies, in quibus humanam uitam agimus, breuitatis ob causam non paciuntur quosque scriptores legamus. Melioribus autem laborem impenderimus.

Alios carpere poterimus nulla cura adhibita, at ingeniosi hominis est unum queat ex alio elicere. "Multi contradicunt," aiis, "et multi sunt quibus nihil alti cordi est, qui aspirare nequeunt atque tamen uehementissime expetunt ne alius doctior euadat." Visne illos ipsos consectari qui in stulticia sua sepeliuntur? Quem reris tam dementem, qui hoc non senciet, qui usque adeo debacchatur ut de illorum numero esse gaudeat?

Nouissime autem adiunxisti preter comportata nihil nos habere; longe decipieris. Omnes fere Marci Tullii libri in lucem uenerunt. Emimus oraciones eius, libros officiorum, ambo rhetoricorum uolumina, atque ipsum epistolare. Virgilium comparauimus una cum Seruio, expositore suo. In manibus Terencium habemus, pluresque alii libri incliti doctissimorum et poetarum et oratorum et aliorum scriptorum haberi possunt. Estne illa clarissimorum uirorum comportata materia? Sentis iam quid

26 comparauimus: comparamus M

uerba tua roboris habeant atque illius a quo sic inductus es et pene persuasus?

Paucis tecum agam de iurisconsultis, qui aspernantur lucidum hoc iubar sanctumque munus; quid scribunt in litteris suis, cuiusmodi sunt eorum epistole, citaciones, ammonicionesque, ac illa que iuris ex condicione conficiunt. Nihil amenitatis retinent, ac eo peruentum est ut, nisi formularia in hiis conspicarentur, nec quicquam significare ualerent. Corrupta uerba adiungunt; in hiis artem suam ostendunt. Quo perueni, examina animum tuum an illa uera, et fortasse iudicio tuo relinquam. Aiiunt ceteri, "iuristarum hic stilus est." Vocabulo abutuntur, ut ante dixi; nimirum ut in aliis pariformiter deuiauere. Quod pauci proficiunt in studio humanitatis audio; pauci sunt qui laborem non formidant. Censeo Enean te legisse. Quid de gymnasio illo loquatur, quid Tullius, quid ceteri omnes? Eorum una atque eadem mens est, uidelicet, neminem posse ad uirtutum cacumina scandere sine lucubracionibus et quidem intentissimis. Id uero arduum est et laboriosum. Idcirco nostri homines pocius torpere uolunt quam labori incumbere. Ocium diligimus, libidini uiciisque pluribus insistimus, et tandem in sentina degemus ignorancie. Tu, uir ingeniosissime, hunc a te propulsare errorem cura. Euola ex uulgarium uolutabro. Aspernare stoliditatem ipsorum qui, ut ceci de coloribus, de hac re disputant. Imitare prestabiles autores sanctissimosque uiros, qui unicum hoc munus ceteris pretulerunt, et tantum decoris consecutus quantum nec unquam ausus expetere fuisses. Et si facultatis tue amplam doctrinam huic applices, thesaurum indesinentem comparabis.

18 cacumina: acumina K

Ceterum siquid arbitrare me falso exposuisse, aperte hoc refelle ac palam redargue, et cum ita sis institutus stili officio, designa. Dabis ueniam si agreste confecerim. Nam, ut succurrebat, celeritate quadam depingebam et maxime ea racione ne inuolute scripsisse uiderer. Equidem, ut nunc concipio, ex obscura inuolutaque scripcione, si bene memini eorum que a te audiuerim, nullam suscipis neque animi delectacionem neque iocunditatem. Idcirco in eo litterarum officio cupiens tuo in me fauori morem gerere, pluris uidebatur humili iam et quasi peruulgato modo condere epistolam, quam alto ac, ut plurimum fit, ab intelligencia remoto. Vale et mei interdum memor.

Consolacio quedam in aduersitate et significacio in quibusdam negociis

Nudiustercius peruenerunt ad me littere tue, quas magno sine cordolio legere non potui, nam quanto plus te amo tanto etiam uehemencius (quasi Fortunam uiderem mihi aduersari) doleo. Scriberem ad te consolandi genus si quod esset. Nullum autem sencio preter sanctissime religionis nostre sentenciam, que est quod in omnibus aduersitatibus paciencia habenda est. Scis quibus temptatus erat Iob tribulacionibus; nunquam animum suum mutauit semper existimans donum esse Dei et pueros et alia, que nobis uolente Deo elargientur, atque cum auferuntur casu aliquo. Et sepissime plaga permittitur ut is quem magnus parens diligit, uelut aurum uuluum, probat in fornace, quo

2 ac *om.* K

deinceps recte possidere ualeat electorum beatitudinem. Sed de his pauca quandoquidem in sacris plura quam ego perlustrasti.

Quid uerba multiplicas, et ambages adducis plures? Nescio quid dicam. Peius scribunt quam tu, qui existimant se esse huius sciencie preceptores. Te non impugno propter magnitudinem tribulacionis tue, neque animum a te auertam siue scripseris siue manum abstraxeris, ut plane antehac intellexisti. Adiui Brunszdorf, exposui calamitatem tuam, rogabam in melius interpretaretur, et aduentum tuum, quo pacto mihi scripseris, enarraui. Fecit primum difficultates. Magni pendebat negocium propterea quod terminus expirasset, quod factum esse sepius aiebat. Deinde dicebat quodammodo rem ipsam ad eum non spectare quia translatus esset ad consulatum. Deinde, "habebo," inquit, "pacienciam et quod res amplius non differatur neque prorogetur longius." Et persuasione sua Martinum, qui procuratoris agit puerorum officium, pariter rogabam. Ceterum de argento nihil habebis. Eram cum Martino Pawer; explicabam que scripseris. Dicit se non uendere minutas huiuscemodi marcas, neque, ut ipse arbitretur, Liptzk reperies. Harum uero ostensor pollicitationes faciet codicum racione pro quibus fideiussionem feceris. Existimat auferre fauore tuo. Vide fidem non adhibeas, alioquin solues omnem pecuniam. Nihil ueri hucusque in fratribus illis comperi. Tu quid tibi conueniet uidebis, et aduentum tuum non prolonges ne incommodum tibi cum hiis cresceret hominibus.

Et tu uale et tuos omnes meo nomine iubeas ualere.

2 quandoquidem: quoniamquidem K 9 intellexisti: intellexi K 15 translatus: translatum KM

Dolet quidam et conqueritur quod duxit uxorem

Si quem desperare oportet, me illum esse necesse est. Omne mihi accumulatum est infortunium, et quod ad exitium ducit in me habet imperium. Video canum rabiem, luporum impetum, ursorum importunitatem interitum minari; musce, culices, apumque genus me infestat agitatque stimulis suis et quidem acutissimis. Nec buffones desunt, nec uipere uenenosissime, et alii serpentes qui caudis inficiunt lesum iam membrum.

Quomodo iam ista? Nam uxorem duxi, que cuiusuis malicie exordium est et uirtutis fugatrix. Vicit me astucia eius, uictoriam obtinuit, triumphumque in manibus habet. Gaudet, letatur, uita sibi iocunda est, que cum sencio, magis ac magis malum meum integrascit. Quid iuuat, obsecro, multas me legisse historias et habere temporum memoriam, qui periculum effugere nequiui? Quot poetarum uolumina conspexi! Quot perlustraui philosophorum codices, et postremo omnium scriptorum libros intuebar! Cur unicum id memorie non commendabam, quod mulier animal est astutissimum estque fallax promptumque ad omne scelus? Cur, dii boni, periculum in aliis non cepi, qui sano consilio cautum me facere conabantur? Hoc scilicet me fefellit, quod dulcibus puellarum sermonibus ac confabulacionibus delectabar. Sed quis demonum racionem mihi eripuit? Nihil ad rem conferentes unquam sermones tam cupide audiebam. Vtinam aures pice ac plumbo obdurassem et Syrenum cantum non audiuissem. Quid aliud futurum est, nisi quamprimum precipitem de excelsa petra me faciam? Equidem omnes res temeritatem habentes aut emendari possunt aut delictum uerti in melius. Hoc ipsum quauis caret reconciliacione. Spes mihi foret si Circes in incantatrices incidissem uel in Cillam marinam, si ciclopum me uehemencia obtineret, si in ungues ceci Poliphemi peruenissem. Nunc in matrimonio medium nullum est finisque nullus. Proch deorum fidem et hominum! Hec mihi socia est que humanum decepit genus, que a nobis ammouit gaudium, que labores parauit et omnem angustiam, que parenti pomum porrexit quo iram Dei merebatur massamque omnem auream propagacionis defedauit. An resistere nunc possem huic que Dauid decepit plagamque ingentem peperit? Eius obscurabat oculos mentemque muliebrem reddidit. Nonne Aristotelem philosophorum precipuum calcaribus pupugit et ceu equum ascendit? Virgilium in turri pendere uoluit. Hec inquinatam escam mihi parit, manibus me tractat, et ad quoduis negocium paratum me habere cogit, mandat, imperat. Libertas nulla est nullumque solacium. Libri deseruntur optimarum arcium. Heu me miserum! Quo me uertam, aut quid consilii sumam? At uero nihil cercius quam ut e uestigio me perdam. Si nulla est que me deuorat fera, nec ullus est morbus me consumens, laqueus iniquus postremo collum meum torquet et morti tradet.

Excusacio quareminus mensurandis studet carminibus

Miraris, ut puto, quod tam parum in mensurandis cano carminibus, quod iam preter consuetudinem est

2 incantatrices: cantatrices KM 15 inquinatam: inquam KM 26 ut puto: utputa KM

et permultis deforme uidetur. Velim paucis tecum agere de hac re si attenciores preberes aures et animi mei intentum plane perciperes; ita enim ratione quadam integrius intelligeres. Neque certe inficior appetitus ad concentum hunc paruus mihi est; nam multum laboris habet, lucri uero aut parum aut nihil. Que autem eius rei utilitas sit, pariter cognosces.

Animaduerte primum ista que iam communiter carmina figuratiui cantus. Tanta uelocitate note fere diuiduntur ac subtiliantur diuisione quadam, ut ad indiuisibilem punctum quodammodo ueniamus. At uideo certe quod multi in hac disciplina educati magna ipsi difficultate modulacionem huiusmodi perficiunt, atque uel qui nonnunquam componunt faciuntque huiusmodi melodiam, primo conspectu succinere nequeunt.

Quantum nunc tempus requirit et postulat iuuenes ipsi sciant, qui molliciem mentis pre se ferunt. Onus profecto magnum est, et multa eget exercitacione. Adolescenciores perfecte erudiantur, et id cum difficile sit, longe difficilius est adultos instruere, qui uel tenorem respiciunt, uel alias modulacionis partes. Adeo oportet ingenii conatu elaborare, ut consumetur in hoc negocio maius temporis spacium. Quippe eos requirit homines qui aliis negociis non prepediti sunt, et illi rei tamen insudent. Quando autem talia presensi et minime hiis uacare studui, pocius ammouendum saxum illud tam durum censebam, ne canor iste melioribus obstaculo foret et impedimento. Turpe est enim musice proprietates et quidem mensurabilis ita prosequi amore ac demum studio ut meliores disciplinas negligamus.

26 saxum *om.* K   ne: nec KM

Diceres forsitan: "quamplurimi sunt qui dulcibus incumbant cantilenis et ceteris ferme omnibus similiter studiosi." Fallit te, prestantissime magister, opinio illa. Fateor plures autumacione aliqua sic loquuntur, at si ingenue prospicere ualemus, ultro citroque intueri nostro euo, nec aliquem comperies. Quid pluribus ago? Nam bene consideranti apparet illos ipsos, qui musice student, aliis esse dissoluciores. Quare hoc? Nam plurimum nisi temporis in ea consumant, exercitaciores esse non possunt. Quid tum postea arbitraris? Equidem assiduo clamore caput disturbant, uires debilitant, extenuant quoque animum, et postremo seipsos eneruant adeo ut inepti sint ad reliquas doctrinas. Illud ipsum cum senciunt, cantica illa tamen amplectantur reliqua.

Declinant repente in animo quos in uita nouisti cantores, quos uel periciores aliis reputasti. Qui fuissent iam uirtute et uite integritate muniti, gaudent canere in plateis et ea carmina crebro que deformia sunt, et in adolescentibus puellisque et lasciuis mulieribus amorem gignunt illicitum, et omnem fere cantum eo ordinant, amatricibus suis magis placeant. Deinceps, ut in ecclesia modulentur, alia uerba adiungunt quod, cum acciderit, deuocio nulla est in hiis presertim qui decantant, propterea quod tanta cura est et ingenii labor inter cantandum ut omnium aliarum obliuiscuntur. Verum etiam cantoribus sepenumero ascribitur hoc quidem unum potissimum facere audiencium gracia. Quociens etiam, dii boni, audiui (de ceteris sileo) uirgines interdum et iuuenculas ad choream incitatas fuisse magis quam ad diuini cultus religionem. Quocirca in me si esset situm, talem ego amenitatis sonitum ab ecclesia abicerem hoc pacto, ne cantus aliquis concineretur in templo Dei, qui antea ad amatorium usum esset applicatus. Sed de hoc hactenus. Aliud mihi proposui; ad aliud pergit intencio mea.

Porro condiscere nunc carmina illa estimo que aut Virgilius aut Marcus Tullius aut reliqui letterarum amatores. Cantabo reuera dulcem istum amenissimumque sonitum: "Arma uirumque cano Troye qui primus ab oris," et cetera. In hiis est ingenii suauitas, crebraque sentenciarum acumina parit hec facultas in quoque ornatissimorum uerborum ornatu.

Quid, uir modestissime, dignius censemus in docto homine quam quod extemporalem habeat elocucionem? Hoc unde usu uenerit, obsecro? Nulla, inquam, alia ex re nisi qua frequentissime fit *De uirtute*, *De republica*, *De prouidencia*, *De origine animorum*, *De amicicia*, que materia maxime abundans est ad grauiter et copiose dicendum. *Hinc etiam illud est quod Cicero pluribus libris et epistolis testatur: dicendi facultatem ex intimis sapiencie fontibus fluere*, et, ut multis uidetur atque antiquitus dictum est, nemo consequi possit nisi cui uena ex alto detur.

Crede, coniunctissime magister, tanta in humanitatis preceptione est delectacio, quantam ego uix audeo dicere. Primum ego quando a preceptoribus meis audiuerim, difficile mihi erat creditu multis litteris talem esse animi refectionem et pene gaudium. Feci, ut plurimi solent qui acriorem uulgi opinionem pre oculis habentes; fabulas solum et loquacitatem reputabam. Sed hebecior longe in me fuit existimacio hec et ab omni semota ueritate.

6 Vergilius, *Aeneidos*, 1.1. 16–18 Quintilianus, op.cit., 12.2.6.

19 uena: uenia K

Deinde, quando ad alciorem conscendi intellectum, et ipsum lectitare cepi Tullium, cum in pluribus uoluminibus, tum in eo ipso quod *De oratore* inscripsit. Non tam uehementer ista declamabant quin forcius ego crebriusque declamandum censui. Graciam habui habiturusque sum preceptoribus meis qui me ad hoc diuinum munus et clarum iubar concitare et allicere conabantur, maxime Heinrico Dessau imprimis, qui me, ut pius magister et instructor, adhortari non desinit. Id fecit ut apprime sibi copulatus sum, et in dies magis ac magis amancior sui factus, en, continentissime fautor, eo usque iamdudum perueni. Nisi in quopiam calescat diuini spiritus ignis ac deflagret magis incendio, haudquaquam ad hoc sanctum munus peruenire posset.

Ceterum egi aliquando, mihi scriberes cum te a domesticis abstrahere ualeres procellis, sed nullas adhuc uidi preter unas a te conditas litteras. Dicis enim: "curis et maximis inuolutus sum diuturnisque laboribus." Est enim aliquid, sed nec omnino ingenium deprimit atque pessum dat. Plures enim ex erudicioribus fuere domesticum qui onus tulerunt, uitam egerunt cum uxoribus, litteras tamen permagna obseruabant dilectione. Sic Boecius neque uero coniuge impeditus nec carceris squalore adeo detentus, quin in componendis carminibus leticiam pre se ferebat. Sic Sallustius, quando a republica quieuit, in uita coniugali historias exquisitissimo quidem stilo confecit. Quot Marcus Cicero? Nonne per longum temporis curriculum Terenciam habuit coniugem, precipuus erat in re publica, et postea tandem consul factus

9 fecit: facit KM 13 deflagret: deflagrat KM 14 posset: posse KM 28 curriculum: circulum K

nunquam reliquit lumen istud tam clarum et lucidum. Vicit Catilinam, coniuracionemque superauit aurea eloquencia et ex rhetore factus est consul, qui orbis terrarum tunc domini uocabantur. Sunt equidem innumeri quasi litterarum qui obseruanciam amplectuntur opera, labore, et summa industria. Collum non semper ab uxoribus liberum gerunt. Ita quoque, ut iam memoraui, de multis antiquitas ipsa testatur. Te concitare uelim presenti hac epistola, ad me scribere non negliges, nam cum litteras dictandi officium ingredereris, prompcior fueris expediciorque multis aliis in causis, presertim in lingue emendacione. Sunt, ut uides, diserciores, qui in maximis quibusque ac natura pulcerrimis rebus uersantur, abilitant ingenium, dicendi genus fortificant. Id reuera in humanitatis disciplina maxime, in qua est *memoria temporum* atque *gencium historie, sine quibus*, ueteres dixerunt, *nemo non puer est*.

Inquis forte: "modus scribendi mihi non est tam preclarus comptusque et dispositus, ut uelim. Video quosdam emendate scribere et magno ornatu, quod, cum mihi non accidit, pueriliter agresteque scribere uereor." Facis, ut sencio, ut quondam adolescens quidam; triduum ipse cum conaretur, neque scribendi exordium inuenerit, uehementi compulsus tristicia. Preceptor eius, Florus Iulius, is cum tristem forte uidisset, interrogauit que causa frontis tam obducte. Nec dissimulauit adolescens tercium diem esse iam ex quo omni labore materie ad scribendum destinare non inueniret exordium, quo sibi non modo presens tantum dolor sed etiam desperacio in posterum fieret. Tum Florus arridens, "Nunquam tu melius,"

15–17 Valla, *Elegantiae*, Praefatio in librum quartum, p.118

inquit, "dicere uis quam potes." Ita se res habet; curandum est ut quamoptime dicamus, dicendum tamen pro facultate. Ad profectum enim opus est studio, non indignacione. Cura igitur, uenerande magister, ut sepius litteras conficias, nam ex frequencia habitus fit qui nouissime amorem gignit litterarum et perfectum reddit in hac re studiosum.

Et hoc satis. Timeo ne tibi legendi hora magis tediosa fuerit quam mihi faciendi. Fac preterea ne semper caream epistolis tuis. Vale.

Excusat se cur sibi non conueniat in religionem ingredi

Lectitabam epistolam tuam, optime amice, et, domine mei amantissime, agnoui ueram erga me amiciciam tuam, quandoquidem ingentem habes et curam et sollicitudinem salutis mee. Tantam mihi insignasti autoritatum copiam sanctissimorum uirorum ut ipsis illis ad maximam prope deuocionem prouocabar. Credebam speculum mihi esse uite mee que, si sequi ualerem, tucius mihi foret securiusque iter ad uitam eternam.

Sed loquar tecum planius, ut aperte intelligas propositum animi mei. Satis inclinatus sum ad religionem, quam semper diuinitus institutam reputaui. Hactenus autem obstacula fuerunt, que impedirent huiusmodi intencionem. Scis equidem quam fragilis sit humana condicio et quam procliuis ad peccandum atque eciam quid in adultis iam faciat consuetudo ipsa inueterata.

24 huiusmodi: huiuscemodi K

Maxime duco necessarium, quisque bene penset prius seque ipsum probet an sibi portabile sit onus ne grauatus succumbat. Turpe est inceptum opus praue relinquere ac demum dicere, "non putarem hoc euenire." Tum quanta nature sit debilitas, non fugit dignitatem tuam.

Aiis forte: "consuetudo coercenda est corpusque compescendum, ut equus quidam intractatus ac belua immanis, propter amorem Saluatoris nostri, ut pure introire tandem ualeamus ad sancta sanctorum." Non repugno: in pueris perniciose anime consuetudines abiciende sunt puraque uita induenda, tametsi in etate profectis arduum sit et Monte fere Aetna grauius; propterea quod in alternatam uerse sunt naturam, ut a ueteribus philosophis definitum est, et, nisi fortem quis animum uendicet, nunquam certe id efficiet. Noscis autem difficillimum esse uincere se ipsum, atque etiam compertum habeo multos huiuscemodi prouinciam aggressos et in breui temporis cursu ab ea quoque una re defecisse. Neque iam conducit eos ipsos nominare; abundas profecto exemplis. Ea omnia ante diiudicare sapientis fore multi autumauere, et quamquam illa nunc perscripsi, non tamen mihi diffidencia est quin corpus constringerem amoueremque ab inutilibus rebus, quibus forsitan modo amictus sum, uidelicet a colloquio uel puellarum uel mulierum uel a ceteris inanibus negociis quibus mundus gaudet nihil ad rem diuinam conferentibus. Eaque ut aliquis deponat in arbitrio ipsius, puto, collocatum et qui magnanimam pre se fert racionem, is certe meliora semper eligere studet. Nunc ad alterum peruenio quod positum non est aut in uiribus nostris aut uoluntate. Cognitum habes, suauissime

14 definitum: desinitum KM

fautor, multos fragilitate quadam et ueluti morbis affectos. Quis tamen nature resistet si tale aliquid contingeret? Et, ut paulo ante memoraui, manifesta est tecum locucio mea, et non secus ac cum confessore meo produco. Palam habes quantas interdum passus sum infirmitates, et si nunc corpori nimium detraherem, forte maius inciderem periculum, in quo nec salus esset anime nec aliqua inde utilitas euentura. Mihimetipsi noxius essem et causa interitus immatura. Respondes, ut arbitror: "nemo cogitur, et egroti cura quadam prouisi sunt." Fateor certe: ad paruulum tempus; quid egrotacio illa si durat diucius, ac proinde fratres superioresque ipsi tedium concipiunt? Tum huic cibus porrigitur communis, qui sanis esca est, et nonnunquam ab eo fortassis morbum acquisiuit. Non semper idem cibus et omnibus conuenit. Etiamsi nouerit quispiam esum sibi obfuturum, fames tamen ad recipiendum cogit; neque ausus est alium postulare cibum, neque, ut reor, si postulabit e uestigio porrigitur. Huic quoque ipsi indignacio plerumque aliorum nascitur. Noui experiencia nonnunquam magistros religionem monasteriorum induisse, quorum non penitus complexio robusta erat ipsisque infirmantibus, ut mendici, iacuerunt, quibus auxilium nullum est.

Tu teipsum examina uerum ne loquar; audi tamen cur hec in apertum refero ne credas claustrum me odio persequi, quod ab ineunte etate celestem Hierusalem nuncupabam. Ea mihi natura est que a ieiunio abhorret; fratres religionum pro sua ui ieiunium diligunt; et nulla mihi spes est ut consuetudinem ieiunandi efficere possem; equidem tempus conedendi, si neglexero, appetitum deinceps recipiendi cibum amitto, et ad nullam rem

31 deinceps: deinde K

tandem postea aptitudo fuerit; idcirco a medicis, si quando me curabant, inhibitum est ieiunium; neque ab ullo unquam pacior confessore ut in penitencia statuat ieiunare. Quod si nonnumquam in maximis uigiliis aut Saluatoris nostri aut Virginis intemerate ieiuno, debilitate afficior, non quod passionem sentirem uerum uiribus destituor. Nullum habeo per integrum diem corporis uigorem, atque, ut estimo, tibi ridicula sunt et quodammodo, si recte memini, consuetudine assidua inducta.

Audi, obsecro, quid mihi uir quidam et satis magne fidei retulit, cum querebatur de eadem re. Inquit enim quod parenti suo secum acciderit, cum octo natus esset annos. Voluit in die Parascheues eum abstinere a cibo et ui impellere ad ieiundandum. Impulit certe, sepulto domino ac meridie accedente, quo tempore cunctus populus cibo utitur, deficiebat nec comedere potuit; genitor eius inquiens eum prandio irasci, existimans ipsum minis cogere ut comederet; fleuit pia mater, que maiori eum opera diligenciaque procurabat obsecrans patrem ne uim ei faceret, quandoquidem facies pallida ostenderet impotenciam, cui tandem pater acquieuit. Illa uero die et item postera quam fidelium cetus sanctum celebrat Pascha cibum recipere nequiuit. Iacuit semimortuus et uelut exanguis; nihil cercius erat quam mortem obire. Lugebat uterque parens, ac nouissime genitor uouit postea nunquam eundem uelle ad ieiunandum impellere.

Quamobrem racio mihi habenda est. Non que omnes suadent aggrediar, sed que nature mee conueniant efficiam. Quod si frater essem monasterii tui, ea, que narrarem, tu ac ceteri fidem non adhiberitis saltem creditiuam, que, cum sancte affirmarem, diceretis me

1 aptitudo: appetitudo K 12 natus: nactus K

stolide egisse, cum hunc scirem defectum me ad retinendum obligasse ordinem regulasque sanctorum patrum. Igitur primum pensandum est et ita efficiendum, nullum inde incommodum sequatur. Scio enim quo calce premor et quem doleo dentem. Non extimo, hanc institucionem meam reprehendas.

Postremo mea opinio est amplius uelle optimis artibus insudare. Non posui terminum in capescendis disciplinis. Studio autem adherescere nemo equus rerum estimator carpit aut uicio det. Aiis multos in claustris proficere. Non inficior in practica pocius quam in his quidem ipsis que speculacionem pre se agunt; sermones legere ac audire inter prandium cenandumque non magnum prestat nobilibus ingeniis intelligenciam, quamquam, ut uerum confitear, deuocionem adaugeat. Quilibet diligens lector a se ipso talia intelligit, si acute perspexerit. Quippe sanctissimi Augustini, patris nostri, inquis, sermones plurimum conducentes. Non nego. Sermones illi sunt at ceteri libri ubi manent? Puto codices *De trinitate* ac *De ciuitate Dei* raro illi dantur in lucem, et, si quando repositi sunt in bibliotecis, nemo fere amplectitur. Cur hoc? Dicta certe, pariter scripta, crebro plena sunt aut poetarum aut philosophorum doctrina, et nisi imbutus quis fuerit preditusque sciencia eiusmodi autorum, non intelliget. Deinde nonnulli turpiter ferunt poetas oratoresque ac alios scriptores, quorum uolumina secularia nuncupantur, religiosis pene omnibus esse prohibita. Quippe hec institucio mea non, ut ingenium meum quamuis paruum sit, incarceretur; memini me legere in professoribus sacerrime fidei nostre: cogere diligenter e quauis re utilitatem prudentis est, non ex nostris tantum uerum

19 at: ac KM   24 eiusmodi: huiusmodi K

etiam ex gentilibus, quos fide illuminatos fuisse nemo admittit. Verum quid multis agimus? Columne uere in templo Dei, ac ecclesie fidelium doctissimi fuerunt, non modo in theologia, sed in gentilium insuper sciencia, hoc Latini, hoc Hebrei, hoc quoque Greci fuerunt: Augustinus, Hieronymus, Lactancius, Ambrosius, Gregorius, Basilius, Hilarius, ceterique plurimi qui diuinissimam doctrinam auro argentoque gentilium sparserunt, hoc est, paganorum disciplinis exornarunt. Quid aliud sacrum istud dictum significat quando Deus filiis Israel precepit Egypcios spoliarent et auro et argento, nisi sapienciam ab ipsis et humanam colligerent eloquenciam? Nunquid et Moyses fecerit, queso, quem cunctus populus sapientem predicat, qui primum Egypciorum doctrinam imbibebat, deinde diuinis carminibus insudabat? Et consimile est de Daniele sapiente. Nam si doctiores ecclesie uetarunt quod non faciunt, magis intuendum putarem quid ipsi agerent quam quid aliis agendum preciperent.

Loquar iam de litterarum studiosis atque adeo hiis quorum ingenia excellencia sunt, non de hiis quidem qui nihil uel altum complecti possunt uel egregium, qui totum uite spacium in cecitate consumunt et in maxima ignorancia. Diceret quis, "satis fuerit si Christum sciueris, etiamsi alia ignoraueris." Reuera ambigo quo pacto Christum sciamus opera eius ignorantes, ni talis scandere ad alciora non possit ut depressus esset natura atque defixe racionis. Quiuis uero, qui bonitatem sentit ingenii et pigricia quadam torpet ac ultimo dicat oracionibus uacare, uideat tandem ne plus peccet quam si studio laborem impenderet. Perspicuum est non posse semper oracionibus quem insistere, et hoc uidemus ut fratres ipsi interdum laborant.

26 atque: utque KM

Intricati sunt manualibus operibus; is pictor est, alius librorum ligator, ac iterum alius fenestras condens. Nonnullis fauor prebetur. Chorum relinquant quo tempore opus illud ipsum prosequitur, atque, hec cum ita sint, cur studio optimarum arcium locum spaciumque non prestemus, cum tamen sacra scriptura concitare hiis uerbis uideatur? *Qui autem docti fuerint fulgebunt quasi splendor firmamenti, et qui ad iusticiam multos erudiunt.* Quem putas eum talem euadere iusticiam ipse impartire ac plane ualeat multis communicare? Is profecto est qui multorum libros perlustrauit, historias conspexit, philosophorum intellexit sentencias et plurimorum scriptorum, sine quibus nemo non puer est.

Nolo nimium certare ne crederes iniquo animo epistolam me hanc depinxisse et alienum esse a dilectione tua. Hoc de me habeto, carissime Georgi, ut te non solum diligo, sed etiam summa caritate amplector et prosequor. Posui illa que mihi nature proprietas sit sencias, et quamquam multa scripserim que fore censui obstaculo, cunctis tamen esset medium, preterquam huic uni quod in racione ieiunandi posuerim. Confecta quidem illa sunt magna uerborum licencia quia magnum te mihi amicum et scio et predico. Tu siquid habes utilius quo me instruere possis et dare uelut iter quoddam, quo tutissime proficiscerer, nedum libenter sed promptissime assumam. Atque pro Paulo tuo, qui te tantopere ardet, aliquando ores.

Vale, mi Georgi, fautor modestissime, et eos salutari uerbo fratres tuos qui me amant alloquere. Iterum uale.

7–8 Vulgata, Daniel, 12.3.

3 fauor: fautor M   27 et *om.* K

Scribit ad quendam qui longas ad se scribi epistolas postulauit

Voluisti, optime baccalarie et fautor amantissime, ad te scriberem et huiuscemodi materiam que prolixitatem in se retineret. Id uero facis, si probe commemini, ut ampliorem haberes et materiam et scriptionem meam. Scio enim quantum me diligis et obseruas, et ubi amor presto est, nihil nimium erit. Itaque cum desiderium hoc animi tui plene cognoscerem, facile mihi fuit illam ad te conficere epistolam ut nonnullam haberes interdum mei reminiscenciam; neque uero illis ipsis litteris terminum ponam scribendi, pocius certe quandocumque nuncius se obtulerit talique dabo ad te scripciunculam meam. Atque etiam, siquid a me unquam perficeretur quod dignum extimarem ad manus ut peruenerit hominum, et tu quidem esses et primus ad quem mitterem. Tametsi multos uidemus canum more latrantes, qui paruorum munusculorum, que condidimus, laudem nobis surripere conantur, at illorum impura nos oracio non commouet. Faciemus equidem studium nostrum continuum sit et quadam gaudeat assiduitate ut, etiam si detrimento uelint esse, operibus nostris nequeant, intelligantque demum ignorancia quadam sese et cecitate uehementissime errare. Tum fiet quando elegancias quas, ut scis, nunc inceptas in lucem posuerimus.

Interea autem lectitabis epistolas eaque dictamina que ad legendum apta et a quibus tandem tibi aliqua possit utilitas euenire. In hac autem materia quam tibi editam pro iuuenibus meis, quippiam de rebus comperies, de rebus humilioribus in quibus legere animumque exercitaciorem

7 et (2°) *om.* K   15 extimarem: existimarem K

facere non inutile est. Si iam idem, apud quem est, antea in illiusmodi non sit edoctus studio, accidit sepenumero ut sermones producantur de abiectis uilibusque negociis, que tamen exquisite et eleganter circumloqui honestatis gradu non caret. Non idcirco commendo locuciones illas pro adolescentibus factas, quia plurimum ornatus obseruarent—scio enim satis esse pueriles—uerumtamen profuturas censeo his qui eloquencie studium amant et de pedestribus abiectisque tractacionibus loqui gaudeant. Id a me habeto, coniunctissime baccalarie, quod quisque sine rubore potest et uerecundia eiusmodi oraciones proferre, quia non prorsus expertes sunt cuiusuis artis, ac ad eloquencie comparande studium spectant ut is qui applicatus plura legat in quibus dicendi preceptio est, non uetustissimorum solum, uerum etiam nouorum qui precepta latinitatis obseruantissime retinent.

Sed ut comparacione ueluti quadam sencias mentem nostram, inter et ueteres et modernos discrimen: pia etenim antiquitas auctoritatem tenet, et ex ea, uelut lucis candor splendet, fundum habet certe et tanquam scaturiginem Romane lingue. Si quando usu uenerit ut eleganciis certamus, ueterrima nouis semper preferuntur. Posteriores autem qui nostro euo scripserunt, ad usum et extemporalem locucionem longe magis conducunt; non enim de his que in mari geruntur tractant, non de bellis gentilium in quibus multe ordinaciones fuerunt aut instrumenta ad expugnandas ciuitates, que uariata sunt omnia et immutata, quorum nomina, si audiamus, nemo fere cognoscit quandoquidem res ipsa ab usu relicta est. Ceterum de nostris dicunt actibus, quamobrem his

8 profuturas: profuturos KM 15 qui: que K 17 comparacione: comparacio KM

quidem ipsis libris scriptoribusque plus quottidianam colligimus locucionem.

Neutra dictorum abicienda est racio; altera ut auctoritatis eminenciam prestat, postera uero ut usum uehemencius adaugeat et quasi germine quodam atque adeo nouo floreat tribuatque audientibus amenitatem. Has ob res oratum te uolo magnorum uirorum uolumina librosque complectari, utputa: Ciceronis, Quintiliani, Terencii, ceterorumque quos laude omnium existimacio ad celum usque extulit ut plane uideas quid ipsi in conspectum de eloquencia ac dicendi genere protulerunt.

Narrat se in breui temporis cursu Boccaccium legisse, rogatque ut Philippice oraciones sibi mittantur

Legi librum et autorem ipsum Boccaccium, qui de preclaris et uiris et mulieribus elegantissime scripserit. Permulta enim reperi puncta que ad dicendi racionem ipsa non parum conducunt et maxime scribendi munus exornant. Suaue est et delectacionem prestat et uim animi ingentem, dum quis uetustas historias gestaque prudencium quamoptime acta perlustrat. Multe siquidem utiles reperiuntur sentencie, que, cum ipsorum iamdudum extinctorum ornamenta uite conspicimus, ueluti flamma quadam, incendunt et miro litterarum amore, ac postea scandimus ad litterarum fastigia.

Hoc in se habet generosus animus ut non solum cum presentibus sed etiam cum omnibus claris uiris se

8 utputa: utpote KM 24 quadam: quodam K incendunt: incenduntur KM

comparet, atque, hec cum ita sint, dat operam ne inanibus rebus circumamictatur iram, cupiditatem, libidinem, pigriciam, contumeliam, et similia generis eiusdem propulsat. Conspiciet enim in semetipso quasi in speculo corpori non esse seruiendum, nisi quantum summa cogit necessitas. Verum intellectus bonis artibus imbuendus et ex corporum uinculis ac passionum societate per philosophiam eximendus, tum certe, cum si quis arce mentis constitutus fuerit, sub se terrena uiderit defluere, semetipsum quoque in ipsa rerum labencium conspicatus decursione transire.

Sed ammiraberis forsitan in tam breui temporis tractu me legere potuisse huiuscemodi uolumen, et dubitas an mihi ex tam repentina lectione aliqua euenerit utilitas. Haud te latere uolo, coniunctissime fautor, quod laboribus non peperci. Adherebam die noctuque; non indulsi uigilancie, quamobrem assiduitate quadam perfeci. Non solum codicem ipsum legi uerum etiam historias aliquas, partesque collegerim ac plane eleganciores transcripserim. Velim et tu similiter faceres cogitaresque quia nihil magni quis sine potest labore consequi. Ingenium habes ualidum et tam facile ad percipiendas disciplinas ut nullo satis iam sermone possem comprehendere. Nolo enim blandiri aut ad nutum loqui tuum. Certe tantam scribendi formam consecutus es paucis in diebus ut mea sentencia nemo quisque precellit in monasterio constitutus, nisi dominus Graciosus forsitan, qui auditor preceptoris fuerit in humanitatis studio, at ipsius me fugit sciencia.

Te, fautor dulcissime, moneo hortorque insudare omninoque incumbere optimis artibus rectisque uiuendi

7 ex *om.* K 22 facile: facilem KM

exemplis, libros sepe intueri, uanas cogitaciones abicere, colere religionem, que omnia hucusque pergunt ut et tu et ego et quicunque alius sit ad magnitudinem uite, hoc est, ad cognicionem animi perueniat. Neque enim tantopere tue in me scriberem dilectioni teque prouocarem nisi igniculum et seminarium quoddam in te conspicerem. Crede, si uolueris, magis proficies in dimidio anno quam prophanus aliquis et qui obruti ingenii est in duobus faceret. De hoc hactenus.

Librum ad te rursus mitto rogoque domino meo Gracioso gracias amplissimas habeas et, si aliqua sese ingeret racio quibuscumque esset in rebus ut meum sentiret obsequium, gauderem plusquam dicere conuenit. Et de me sic habeat nihil esse tam laboriosum aut arduum quod in beneplacitis suis dum usu ueniret non subirem. Ceterum dignitatem tuam oro uidere uelis Tullium nostrum ne habeat *In Philippicis*. Quodsi esset nomine meo laborem assume eumque deprecare ad paruulum tempus in eodem me legere concedat, neque dubito quin humanitas sua faciat nisi forte unum hoc obstaret quod minime sibi notus sum. Fac enim diligenciam tuam, et pariter ego, quecunque pro te efficere debeo, faciam semper.

Vale carissime Martine.

Respondet ad acceptas litteras et de uariis scribit et rebus et negociis

Litteras tuas iocundissimas quas ad me scripsisti legi auidissime. Cognoui tuum in me et amorem et caritatis uinculum, gauisusque magis eram quam dicere phas est, cum intellexi omnia tibi ex sentencia euenire. Excusas te nescio quibus uerbis de raritate scribendi.

Miror autem hoc quidem propositum tuum. Scis profecto ab amicis omnia queque illa sint in partem resolui meliorem, neque, ut uerum fateor, tam ornatus litterarum siquid ad me conficis delectat quam familiaritas ipsa iamdudum inter nos contracta. Satis honeste, satis, inquam, exculte scribis, et istud reuera siue usu quodam siue comparaueris artificio. Vidi quod epistola tua magnam pre se ducit precepcionis racionem et, quantum ego paupertate ingenii nunc diiudico, scribere possis huiuscemodi litteras sine uerecundia sineque pudore ad quoscumque et eruditos et disertos uiros. Itaque hortor dignitatem tuam, si forsitan propter plurima quibus implicatus es negocia, si propter frequentem iuris lectionem, raro studio possis humanitatis adherescere; scribe tamen crebrius, tum eris ac quidem una in facultate exercitacior. Quod enim uehementissime commendas Ciceronem nostrum, Eneanque Silueum quasi exemplum quoddam adduxisti, facis amice. Ceterum de germano tuo et consanguineo, ut antea, sic quoque et nunc sencio, neque opus profecto est ut tua dominacio multum me rogat. Tante semper apud me es et auctoritatis et reputacionis ut quecunque significes precepti loco assumo.

De schola autem ut etiam te cerciorem faciam: scias enim alium eos rectorem acceptasse, neque, ut reor, abditum nonnullos de potencioribus mihi aduersatos fuisse, quamobrem petere recusaui. Veritus sum ne, ut antea, in scandalo meo gauderent. Nec etiam ulla me habet dubitacio, quin ad hiemem futuram alium iterum rectorem collocabunt; tanta est huius schole dispositio. Verum, ut antea, fuisti sollicitus in factis meis atque,

9 possis: poscis M   14 ac *id quod* hac

ut aiis, dominum doctorem, uirum illum in multis disciplinis eruditum perdoctumque, fauorabilem esse mihique inclinatum esse ac pro me laborasse. Rogo et peto maiorem in modum ut adhuc huiusce sollicitacio apud dominacionem tuam de me fuerit. Quodsi iam ad estatem proxime instantem fieri non possit, labora contingere id quidem unum possit ad hiemem futuram. Et domino doctori gracias habe nomine meo quam maximas possis, cui et ego me obligatum astrictumque cognosco pro illiusmodi in me beneficio memoria benefacti sempiterna et quibus ego unquam ualerem racionibus complacere dominacioni sue. Ita tum me ostenderem ut nulla unquam ingratitudine accusarer. Sed de his hactenus; ad alia modo festinat oracio.

Haud latere uolo tuam erga me dilectionem quod tres fuerunt ad monasterium citate persone: una tibi familiaris est; altera, ut aiiunt, domino Mathie; tercia uero propter suum in me fauorem. Prima terminum habet ad dominice resurreccionis usque celebritatem. Alia nullam potuisset graciam obtinuisse nisi presidio fuissent scripta ea que ostendebant ipsam esse in Stulpen absolutam. Terciam uero, quam probe noscis, mulierem ita acriter officialis astringebat ut estimabat nullo posse modo illam euadere. Ascendit cum ea. Campinus et Ronestus nihil potuerunt efficere; plerumque officialis ipse excommunicacionem minatus est. Fuit mecum accusata; quod cum ad me detulerunt, ascendi ad monasterium. Rogaui ne mulierem in hoc astringeret quandoquidem infamia inde mihi nasceretur. Primum negauit me in crimine illo nominatum esse ac postea tandem plane confessus,

19 Alia: Aliam K 20 potuisset: potuisse KM

nihilominus procedere autumabat. Cum apud eum nihil potui impetrare, uisitabam reuerendum patrem abbatem. Rogaui ut huiuscemodi ostenderet mihi et fauorem et graciam ut in eo ipso uno iam articulo non procederet, in quo essem ego nominatus. Obtinui. Deinde multa mihi loquebatur partim me tangencia, nam multis in rebus fui apud eum accusatus, partim dignitatem tuam, quod nonnullis in negociis contra eum fecisses. Aiit enim de domino Iohanne, capellano in Kempnitz, qui tractus esset a iudicio ipsius ad Stulpen. Narraui scripta tua quod apud dominum doctorem tantum effecisses ut nihil dedisset. Postremo inquit me appellacionem fecisse, ac eum quidem ita induxi ut fidem mihi adhibuit a me non esse factam. Deinde nominatum capellanum adiui. Interrogaui promociones mee apud te ualuissent. Aiit enim te rogasse pro eo, et dominus doctor penam dimisisset. "Sed postquam," inquit, "ad Fribergam uenit doctor, eum cogit penam in Stulpen ob tuas preces ac promociones dimissam ut daret." Pluribus hoc manifestauit. Velim enim si huic rei medium aliquod posses inuenire. Eciam dominus abbas inquit te in discordia quadam ab eo recessisse. Si tibi uideretur conducere, scriberes quandam excusacionem quam ego tum domino Gracioso ostenderem, nam aliquo iam modo mihi inclinatus est, pollicitusque est, si commodum nonnullum mihi esset inde euenturum, suos uelit omnes libros accommodare; aut si magis placeret, tu ad eundem dominum scriberes, teque excusares ne tanta eius erga te fieret indignacio. Et, ut concepi, conquestus es forsan apud Georgium Schleynitz eam tractacionem quam habuisti cum eo in equi solucione, et id pariter ad eum peruenit. Tu, suauissime fautor, siquid posses ut ea

30 equi: equo M

indignacio sedaretur, cupit et baccalarius Erasmus et ego efficeres, ac ipse Iohannes Schwippichen cupit ut ea pecunia, quam pro causa, ut nosti, peracta deberet exponere, sibi dimitteretur, utpote quod mulier secum nescio que in parrochia fuisset, quod uittam margaritis comptam, quodque annulos ac quam plurima alia ipse clinodia, ut accusatus est, dono dedisset quibusdam personis siquidem existimat erga tuam dignitatem promereri. Vale et Pauli tui oro non sis immemor.

Scribit domini sui graciam, quam diu non habuerat, rursus esse adeptum

Si quando ad te scripserim aduersa, a quibus ego undique exagitatus, nunc, ut reor, non immerito participem te facio illorum quidem successuum qui alacrem mihi letumque animum prestant. Sic explere censeo amici officium, quod apertum cor semper ostendit et in aduersis et in prosperis. Illa profecto lenit, hec reddit leciora cum patescunt in amicicia. Tu mihi amicus es, cum multis aliis de causis, tum quia dominum Graciosum, apud quem grauiter multis criminibus accusatus sum, propensiorem fecisti. Tu studium, quod ego uehementer et admiror et obseruo, diligis atque amore complectaris. Quid autem copulacius quam morum similitudo bonorum? Quid amabilius quam idem semper aut uelle aut nolle? In quibus enim eadem studia sunt, eedem uoluntates, in his fit ut eque quisque altero delectetur ac se ipso, ut elegantissime inquit Cicero noster. Sed in his caucio habenda est prouisioque ut dum fortis sit robustaque inter aliquos

6 quodque: quoque M

amicicia ne paulatim uel dissuatur uel discindatur, quorum alterum fugiendum est, ab altero autem abhorrendum. Hoc cum mecum acriter uoluo, hunc potissimum censeo modum ut omnia tibi, amico meo, sint clara prorsusque manifesta. Sed, Deus bone, quidnam est quod stili officio significo unde tibi aliqua sit accessura iocunditas? Id reuera unum quod omnia quecumque a domino Gracioso pecieram, tametsi uehementer dubitabam, obtinui cum gracia. Si me dilectione afficis, si quam ad me habes inclinacionem, si denique ullo sum in gradu caritatis tue, mihi gratulabere. Atque etiam, ut nunc clarius intelligas, exponam. Cum ascendi ad palacium illud quod est ante capellam situm, fuit dominus in oracione. Prestolabar paulisper. Cum ipse uero exisset quam euestigio manum mihi porrexit, quod signum beniuolencie ac etiam magne reputaui mansuetudinis. Tum ad alios qui eum expectabant se conuertit, uidelicet ad capitaneum de Rabensteyn, prefectum monasterii; sed parua temporis mora delapsa iterum in me oculos coniecit. Tum interrogans quod meum esset negocium, primum gracias habui reuerencie sue atque adeo amplissimas quod tam fauorabilis mihi esset ut libros suos mihi credere dignaretur, e quibus magnum scio mihi utilitatis fructum euenisse. Ac deinde manifestaui causam; rogaui dominacionem suam Graciosum se uelit erga me ostendere et dimittere articulum istum, in quo nominatus essem et mulieri et mihi, non quod pro muliere rogarem, sed quia si hac quidem culpa tactus essem, sine infamia mea puniri non possit. Deinde supplicabam delatoribus credere sua dignitas non uelit quandoquidem plures odio aut inuidia commoti ueniunt ad impugnandam alienam famam, quam racione aliqua aut causa honesta

27 sine *om.* K

inducti, etiamsi prope intueri uoluerimus, ex omni genere hominum, quos uariis damnabilibusque uiciis ingeniosa et ad malum prona coinquinauit improbitas; nullum neque perniciosius neque odibilius esse reor neque seueriori animaduersione plectendum quam eos qui ceteros multis criminibus accusant, cum ipsi flagiciosissimi sint homines. Susurrant ad aures dominorum queque possunt ad assentacionem offerre, factitant. Itaque multorum famam denigrant et innocentes permultos ad prelatorum indignacionem reducunt. Quis non dedignatur hos, queso, qui, cum omnem impuritatem pre se ducunt, alios maculare student? An incongrue de his regnis propheta Dauid scripserit? *Acuerunt linguam suam sicut serpentes, uenenum aspidum sub labiis eorum.*

Sed de his hactenus, et ut ad intentum redeat oracio mea, dominus Graciosus acquieuit peticionibus meis. Quod tamen antequam temptaueram sperare non audebam. Benignus est, pius, mansuetus. Contemplabar sagaci intuitu faciem habitumque eius; placuerunt mihi omnia. Incessit eo quidem in habitu quo et uos incedere ipsa coegit religio. Pellicio fuit indutus ac etiam scapulari. Mirabar uehementer quod ephebus formam ceteris uiuendi in ordine sacro ostendit cum plurimi (si uera sunt que uulgus predicat) ex fratribus repugnabant. Dat tibi, optime Martine, ceterisque confratribus tuis exemplum quod ita faciatis: *non est discipulus supra magistrum*, et multo acrius facta ipsa ad quamuis alliciunt religionem quam dicta. Quodsi eum leto sequeris animo cura quoque intentissima ac fueris omnes aspernatus mundi illecebras, sancto illud canticum corde cantabis: regnum mundi et omnem ornatum seculi contempsi propter amorem domini

13–14 Psalmus 139.4. 26 Matt. 10.24; Luc. 6.40.

mei Iesu Christi. Et ea iam terminata uita gaudium possidebis beatorum eternum, atque chorum illum promereberis, quem inhabitant hii de quibus dicitur: *et cum mulieribus non fuerunt coinquinati*. Et de his satis. Tu, fautor mi suauissime, si quando ad dominum ueneris et tuum et meum Graciosum, habe sue reuerencie, obsecro, graciam amplissimam quod tantam mihi in peticionibus meis graciam ostendit et eo forcius quo nihil unquam fuit precedens quod ipsum ad hoc prouocasset. Certe ita me semper accingam ut quecumque ei placita sensero, ita perficiam quasi contenderem de fortunis meis. Parum iam habeo quod amplius tue in me uelim amicicie significare eo quidem excepto quod plerumque te ad dicendi instigo racionem. Fac enim ut non quiescas; quantum tempus liberum fuerit solutumque a canonicis horis et oracionibus sacris, quibus primum inherendum est, tantum quoque tu studio atque exercitacioni huic tribues.

Vale, coniunctissime fautor, et domino tuo Gracioso me commendandum facito, atque iterum uale.

Increpat quendam quod se iactat in breui tempore superare uelle magistrum suum in ludo scacorum

Si extraneus esses, equidem ammiracio me tenuisset et forsitan maxima. At cum noti sint mores tui et nobis cognita uite condicio, minime mirandum duximus si ea que mente uolueris tam illotis uerbis ac opprobrium

3-4 Apocalypsis 14.4

1 Iesu Christi: Iesu et tristi K   13 eo: ego K   excepto: exopto K

continentibus sentenciis significasti. Primum, ut referam, laudem adducis ironia plenam quasi minus tritus essem, et me inter exercitaciores reputare nolles, nec fortasse iniuria si prope intuebar. Neque unquam a me audiuisti ut usus uehemens mihi esset in eo quidem ludo quem scacorum nuncupamus, sed tantum didicisse ut inter mediocres numerari possem non nego. Mi uir, estne presumptuosum? Immouero, maxime decorum retinere modum. Abiectum sese facere et penitus humilem angusti animi est et parue racionis. Nec uero his semper credendum que uulgi error uersat et recitat, sed mentis iudicio examinare ac uim pensare omnium sentenciarum que de aliqua re proferantur. Sapientem uulgi opinio non commouet, uerum experiencia rerum et cause conferentes effectui que nouissime sapienciam gignunt. Quisque etiam qui prophanis plus adhibet hominibus fidem quam racionibus, is inutilis est et obrute capacitatis. Quare longe magis (in his ipsis litteris ingentique doctrina quam pro instructione mea explicasti) fuisset laudis, hanc si partem silencio preteriuisses, quam quod uerbosum te et ceteris dicaciorem ostendisti.

Deinde an uirtus sit hesitas et an hoc cognomine recte appelletur. Qualis hec est tua dubitacio? Certe ex ingenio procedit et magna experiencia quod tue relinquo prudencie. Non enim sors in scaco dat palmam, sed usus quoque et sollercia frequenciaque trahendi, et quoniam discipline deditis non conuenit plerumque in actu fore, immensi labores studentibus non sunt adiciendi ne onere grauati ruant et, ut planta nimia humiditate, deficiunt. Profuturum est remissum habere interdum animum et fatigaciones abicere. Apud comicum elegantissime scriptum

7 numerari: numerare K

est *apprime in uita esse utile ne quid nimis*. Id autem si litterarum studiosi fecerint, quid uirtute propius, quid preconiis dignius, quid denique maiore commendacione extollendum? Ea tu intencione adipiscaris; non omni uacas uirtute.

Ac ad litteras tuas redeam. Inquis Fortunam mihi arrisisse quando te uicerim. Falsus es. Quod enim a racione progreditur, expers est fortune, neque presidio eius utitur quandoquidem cum intencione fiendi ac proposito, euenit quod extraneum est alienumque penitus a fortuna. Mirum reuera est ut de his rebus scribere presumis a quarum cognicione multo remocior es quam Sardanapalus forte aut Mergites abs quauis operacione, quos neque oratores neque fossores neque cuiusque rei actores fuisse Homerus aiit, si Basilio credendum est.

Et pauca edissere de ludo scacorum libet, propter quem infidum me uocitas menteque captum et alienatum me omnino a racione. Considera principium locucionis et tue et mee, atque postea ex intimo thesauro sapiencie diiudica quid hec uerba in se retineant. Esto, ut scripseris, superbam fuisse et inanem locucionem meam. Quid uero dictum tuum erat, obsecro? Reminiscarisne? Num gloriatus si quando condisceres me uelle uincere, cum et modo uix lapides et discrimen camporum internoscere possis? Similis es et equalis huic qui auiculam in manibus cernens alterius duas sese capturum gloriabatur, quamquam modus quo fieret eundem fugiebat. Iam intuere, queso, tune an ego stulcior sim. Didici ego, licet mediocriter. Tu speras te adepturum, ac ea in re magnificum recipere incrementum

1 Terentius, *Andria*, 1.1.34.

26 gloriabatur: gloriabitur M

que spes, inanitatis presumptio, quam plurimos fefellit atque decepit qui aureos montes sperabant sese adepturos, et glebam terre difficile consecuti. Porro apud philosophos me legisse memini de futuris contingentibus nihil esse determinatum. Animaduerte clamorem illorum qui metalla fodiunt, quam grandis nonnumquam rumor periit. Igitur stolidum est magna de incertis predicare.

Quod tu sapientissime quidem dixisse arbitrare, aperi nunc intellectum, et magnificam uide formam epistole tue, qua me carpis et inanem nominas. Profiteris te discipulum meum ea in tractacione, quam memoro, et excellenciam speras maiorem quam ego nactus sum. *Non est igitur discipulus supra magistrum*, inquit os ueritatis, Cristus, Deus atque Saluator noster. Tu theologus es multaque sacris in disputacionibus lectitasti; equidem hanc te ignorare euangelicam doctrinam miror uehementissime. Agnosce, optime Erasme, an filius sis huius mundi; censeo tenebrarum et peruenturum ubi horror inhabitat. Non Iupiter tibi preceptor erit; timeret utique quod doctior euaderes forte quam ipse est; non Pluto magnus, non Neptunus; omnibus eadem mens esset atque sentencia. Vt ad religionem nostram reuertero, non Iesus, qui humanum condidit genus et passione Patri reconciliauit. Spernit enim opponentes os suum in celum eosque qui preceptores ac magistros suos rentur superare. Intuere acrius quam uehementer debaccharis et a ueritatis itinere recedis. Quid si nomina ignominie quemadmodum mihi feceris apponerem? Dicerem te inscium, superbum, et hypocritarum ritum obtinere. Respicis *in oculo* alterius *festucam*, in

12–13 Matt. 10.24; Luc. 6.40.   29–1 Cf. Matt. 7.3; Luc. 6.41.

2 decepit: deceperit K

proprio *trabem* preteriis. Neque fugiat tuam in me amiciciam tot me habere aut scribere posse contumelie nomina, quot et tu; si alius esset, appellarem ipsum animal proteruum, onagrum stolidum, in extrema demencia positum et manifestissima stulticia, tum uecordem, gloriabundum, ignauum, crassum, pedestrem, incultum, ieiunum, enormem, uacuum, inermem, abiectum, procacem. Parco dignitati tue. Concedam pudori meo ne in id etiam quod in te esse affirmo procacitatis uicium inciderem. Prosequeris me tandem derisione et, si turpius quippiam expromere posses, nihil, ut sencio, iam omitteres, at procul istud a me uicium esse uolo.

Dic, bone uir, quando iactitabam me adeo uelle proficere ut officialem uincerem, etsi honestius id facerem faciliusque quam quod tu me uincas, si in utrisque nobis iusta fiat equaque comparacio. Sed age, irrideas ut libet. Minoris enim pendo quam lanam caprinam ac floccum indumenti mei. Facis quod soles, non quod mereor. Censebasne parem tibi me non posse referre graciam? Seductus es et ratem uento permisisti; non in portum proprium inuexisti, uerum in uastas oras et peregrina litora impegisti. Nimirum si barbarus, ferus crudusque ueritatem non intuetur.

Aiis me parum lucri habuisse cum officiali. Fateor, est enim me excellencior, atque in hoc modestiam meam ostendo. Non tam arida profero elataque uerba qualia tu euomuisti. Hanc quoque ab ineunte etate habui consuetudinem et a cunabulis mihi insitam ut eos prefero saltem hoc quidem in negocio quo me excellent. Ob quas res summa te ope niti decet, tam opprobriosa uerba ne ducas in apertum tantamque petulanciam. Nam infamia tibi oritur et hominum indignacio, atque postremo indignum te alicui ostendis sciencie; fauorem perdis amicorum; arrogantem te existimant. Tu, si me audies sequarisque conducibile consilium, sencies non mediocrem sed prope maximam utilitatem. Vale, mi fautor et amice carissime.

Responsio ad quandam quasi inuectiuam epistolam

Satis magna perspexi diligencia uulgares tuas quas ad me litteras dedisti, in quibus multa ponuntur que grauiter me accusant, et fecisti quendam ueluti ordinem tocius inter nos dissensionis. Miror certe tantam te posse uerborum copiam memoriter retinuisse, et antehac multociens abs te audiuisse quod debilem haberes memoriam.

Sed ut ad instituta pergam que scripseras, a ueritate non sunt aliena, neque etiam iniquo fero animo uno exepto, quod aiis amicum me amisisse. Cum mortalium cura in hoc maxime debet elaborare ut amicicia firma atque integra reservetur, tametsi alter nolente altero eandem custodire nequeat quandoquidem utrorumque requirat consensum et naturam sequatur ducem.

Verumtamen duplicem prisci posuerunt uiri amiciciam qui de eius uera scripserunt proprietate. Vnam uulgarem, quando mutua est inter quosdam dilectio utilitatis gracia, et talis fit temporis racione; quamquam prosit ipsa et delectat, tamen sepenumero in temporis mutatur puncto. Atque etiam ille quidem qui amicum propter utilitatem requirit eius, est erga eum talis amor qualis in pecora, ex quibus sperat magnum se fructum suscepturum. Altera est uera perfectaque, qualis eorum fuit qui pauci nominantur, ut inter Piladem et Horrestem, quorum alter pro altero pericula subire atque mortem non formidabat, utque inter Lelium, qui sapiens interpretatur, et Scipionem. Illa immutabilis est nisi maleficium aliquod et facinus tam nepharium incidat ut intolerabile sit. Nihilominus danda est opera ut dissuenda sit, non discindenda, curandumque maxime ne non solum deposite uideantur amicicie sed etiam ne inimicicie graues, iurgia et contumelie oriantur. Sed de illo hactenus.

Venio nunc responsurus epistole tue ni forsitan putares penitus me esse uictum. Aiis me adhortatum esse res meas occulte custodiam ne forsitan, ut antecessori meo, sic quoque et mihi accidat, et tante reputasti me discrecionis ut ea ferrem amice. Talia etiam ad te essent delata, sed discrecionem nullam apud me reperisti. Equidem fateor te illa dixisse. Vbi autem defensionis protuli uerba, instanter affirmasti quasi istud ipsum omnino tibi notum fuisset. Neque dixisti qui mihi fauerent ad te detulisse. Nunquam acerbum putabam aut molestum si quando fauore me prosequentes mouebant. Sed animaduerte; duo fuerunt nescio quo baculo malicie moti, qui studiose mihi detraxerunt, neque tum longum erat spacium temporis defluxum. Itaque fueram paulisper antea propter illam quodammodo distractus. Sed illud me mouebat uehementer quod dicebas, si causa Iodoci Schwobens adhuc penderet in iudicio, quam habuit trusilis racione, tam facile non componeretur, ac si diceres mea sentencia tuum fuit trusile. Quid aiis, mi domine? Vtererne ad talia taciturnitate pro defensione? Tu, ut arbitror, imprimis

1 Cf. Cicero, *Laelius*, §24. 3 Cf. op.cit. §1 6–7 Cf. op.cit. §76.

24 illam: *scilicet* malitiam 27 ac: at M

damnasses me sceleris reumque existimasses. Apparet preter racionem et hominis est dissoluti, qui ad ea non respondet que famam eius denigrant. Quid etiam censes si onagri, quos ego non aperte nomino, ad consulatum detulissent? Debuissemne affirmasse? Non, autumo, etiam si te consulerem ut suaderes. Arguis me tamen quod totum consulatum magistrumque ciuium mentiri facerem. An ignoras, obsecro, cum familiares simul constituuntur maiorem eos habere loquendi libertatem et in discep-tacionibus presertim? Scito a me tamen, quodsi apud consulatum culparer, nullatenus admitterem. Vacui essem capitis si paterer mihi asscribi tam detestabile crimen. Examina, queso, animum tuum, si quando usu tibi ueniret, quid esses facturus.

Quod aiis "illi quidem ipsi profiterentur in conspectu meo," ignoro quid respondeo. Id tamen a me scito. Cum essent quorum ego in profectum meum sermones pergere dinoscerem, grata mihi esset locucio, existimarem eosdem sinistre inductos, ac demum ostenderem me uacare tali culpa. Neque ego unquam aut tuas ammoniciones aut aliorum egre tuli qui beniuolencia me afficiunt. Neque tum commotus fuissem ni putassem ribaldos illos quos suspectos habeo tibi aures mendaciis compleuisse. Si uero quispiam ex illorum turba esset qui plerunque magis odio in litteratos commouentur quam causa aut racione honesta, scias firmiter me non silere quamuis potentes forent et ab oppido me forsitan depellerent. Facit se conscium quilibet qui silencio utitur cum maliciosi famam eius deprauare student.

Et, ut sencio, magni pendis improbos me parum curare dominos. Cur didicissem, precor, liberales artes

10 Scito: *B. Löfstedt*; scio KM

nisi malorum iniuriam data oportunitate propulsarem? Et pocius quam me nimium astringerent et ceu pedibus calcarent, aliorsum me reciperem. Quod autem mulierculis loquacibus me comparas, sustineo pacienter. Forte iratus ea profers et longe a modestia discedens. De uerbis uero que non multum censes utilia quid dicturus sum dubito. Crebro autem alterius mihi non placent uerba que ipse tanquam necessaria arbitratur.

Audi de promocione quam pro me habueras, neque, ut opinaris, ingrata mihi est. Habeo in memoria, sed *istec commemoracio est quasi exprobracio immemoris beneficii*, ut est apud Terencium. Non enim qui contulit beneficium memorare debet sed is in quem collatum. Eius enim interest reminisci siquid boni a te susceperim, et in loco declinas paulisper a sentencia. Non dicebam, si pro me non laborasses, quod alii pro me laborem impendissent. Sed, si tu non fecisses, fortasse alii fuissent qui pro aliquo suscepturo scholas conati fuissent. Et, si uerum memini, nunquam a me audisti gracias hiis non habere qui bene meritis quibusdam me affecerunt. Semper hoc uicium fugi atque ab eodem abhorrui, cum uero inquam nihil datum mihi fuisse. Siquid uero mihi daretur, prompto reciperem animo. Dicis eo me non esse meliorem; fateor profecto. Et in nullo magis corripiendus essem, hec ipsa si considerate dixissem. Verum ad hec me uerba incitasti, et multo sermone prouocasti. Non enim is sum *qui maleficio et scelere* uult *pasci*; aliter uitam meam institui. Puto tantam me fecisse in optimis diligenciam artibus, imposterumque facturum ut adminus sit hic aut alibi

11–12 *Andria*, 1.1.16-17. 26–27 Cicero, *De officiis*, 2.11.40

11 quasi *om.* K 27 scelere: scribere K

honeste ualeam me nutrire.

Tetigisti me, ut inquis, existimasque multa mihi dono data esse. Puto firmiter; si iuramento affirmarem nihil me accepisse, fidem non adhiberes. Sit ita sane ut existimas. Oro tamen ostendas quibus in rebus illa cognoscis. Suntne tam magne mihi diuicie et cognitum habes tantas hucusque non potuisse colligere opes te ut commode solutum fecissem? Quid plura? Debeo quibusdam in oppido ultra tres aureos Renenses, quos mihi iam hiemali ac quadragesimali tempore crediderunt. Num ab ea persona sacius fuisset me accipere cui restituere opus non fuisset et que me non astrinxisset ad soluendum, quam quod ab eo uiro receperim qui rursus postulat? Tu si ex me queris qui sit, facile dicam satis tibi notus est et familiaris et quottidie tecum in tractandis negociis uersatur. Cuperem profecto ipsa eadem notificares e quibus intelligis quod plura mihi data sunt propter que tam uehementer me suspectum habes.

Quod a me audisti non parui facere me amicos: recte quidem. Et hanc ineunte etate racionem mecum habui curauique maxime ne repellerem quemquam propter rem minutam familiarem. Erga te non feci, sed non eo melius est. Credidi maiorem te habere animi constanciam quam quod ita mente deberes distrahi. Non tetigi honorem tuum, neque obfui in rebus familiaribus. Nunc opinare tante nonnunquam mee fuissent in te obiurgaciones ut huic oculum eruerent. Nulla mihi succurrunt. Cerno autem quod mea plerumque acerbe accepisti cum tamen tua multo magis acerbitatis habent, ut leuia censes. Recognoscat tua dignitas an consimile unquam tibi asscripserim ut illud est in quo trusile nominasti. Velim certe adhuc

11 fuisset: fuissem K 12 me *om.* K 26 mee: me M fuissent: fuisse KM

iuris strepitus eam causam haberet. Crede, inquam, ampla sunt uerba tua; utique oculum non eruerunt sed ne attingerent quidem. At quod magis est, si quando tibi quippiam dixerim, dum te irasci notabam, silui. Nunquam tam obstinanter ad iracundiam prouocaui. Licet multo magis tum in te iracundia imperium quam in me habuit.

Nunc diiudices, oro, hec omnia in partem si uelis resoluere bonam. Nihil est quod inter nos dissociabit amiciciam nostram. Sin interpretare modum in deteriorem, declinabis omnia. Fac ut bene uales.

Rogat discipulum ut uicia relinquat et artibus studeat

Siqua mihi suadendi foret racio, qua te ad optimas artes iam allicerem, nulli parcerem neque labori neque animi studio; extenderem uires meas, robustis profecto lacertis onus amplecterer, ac ueluti saxum hactenus immotum contectumque lanugine, exciperem redderemque operi abiliorem, tametsi antehac nihil uel decoris uel forme habuisse uideretur. Puto distractum uariis inuolucionibus animum tuum. Quippe ad capescendas disciplinas aliquantum aspiras; uetus autem et quidem dudum contracta inanium rerum conuersacio amouet. Neque in hoc prelio racionem uiciis prelatam hucusque senserim, neque in hac indole, que natura sit bona, uirtus equatur flagicio. Deterius ipsum forcius est quo duce ad Acheronta, dum iter non flexeris, descendes. Reuertere, queso, linque inepcias, linque lasciuiam obscurantem ingenium tuum, linque fatuitatem eorum qui studium aspernantur. Siqua

24 sit: *B. Löfstedt*; sat KM 26 descendes: descenderes K

forsitan fucata facies te perlicere tentabit, adolescenciam tuam, propulsa suggestionem. Pernicies est litterarum studiosis quos amore flagrantes ad interitum ducit. Neque, ut reor, te latet quid existimem mulierum blandimenta, que a Syrenum cancionibus aut parum differunt aut nihil. Pone ante oculos quosdam coetaneos qui meretriceo amore suffusi ac dulcedine huiuscemodi inebriati non desistunt donec septennium contriuerint, hoc est, quousque omnis semotus fuerit et uite honeste et proficiendi appetitus. Quid postea? Pedestribus persimiles hii quidem. Nam racio tum oppressa, mens hebes, oculi caligine obruti, nulla relicta ad rerum culmen semita. Nimirum hoc pacto affectus stulticiam ad calcem uite comitem habebit. Si me audies, nancisceris dicendi generis fastigia spretis inanitatibus. Splendorem honestatis scienciarumque sacrum iubar assequare. Vale.

Ne moueat te odium in patria. Si uirtutem amplecteris omnes te amabunt.

Animaduerti sermonem tuum, quem nuper habito balneo apud me in collacione protuleris. Quodsi is forte e uita discederet mortalium, qui maxime fructuosum possidet statum in patria tua, eundem nullum autumasti Hallensem adepturum, cum ciuitas quasi dissensionibus in se diuisa, tum oblatum odium inter ciues quottidie ingrauescens fieret obstaculum ex sartaginensibus, neminem litteris applicatum acceptarent. Tametsi altera ex parte aptus minime experiretur, habet aliquid in se motus ille animi, non tamen dignum ut a studio ad culmina tendente uirtutum abstrahat

6 qui: quin M 9 semotus: semota KM

etiamsi certum esset nunquam te patrium inhabitare solum. Siquidem forti omnis terra patria est. Exulantem ingenue Cicero aiit cui circumseptus est habitandi locus.

Pergit huc scripcio mea si acerbissima—quod Deus prohibeat—euenirent; meliora sepenumero speranti contingunt. Quippe non corpora solum uariantur in tempore, sed ingenia quoque mutacionem subeunt, adeo quidem ut tum uehementer laudatum uituperacioni proximum sit et rursus uile putatum gemmis aliquando auroque preciosius uideatur. Is cursus rerum assiduus est in his presertim quibus fortuna imperitat. Secus discipline ab anima parte pre se ferentes suauitatem, que nulla uel tempestate decidunt uel incendio cremantur aut quouis modo periclitantur, uerum enimuero famam et quoque bonam augent, splendorem mentis ostendunt, inimicis nos reconciliant, et omnibus denique reddunt gratos acceptosque hominibus. Atque, hec cum ita sint, erit bonum faustumque et felix quicquid cum uirtute congreditur, que studiis acquiruntur litterarum. Ceterum, ne filum oracionis nimium extendam, ad propositi iam intencionem accedam.

Inquis odium istud inter ciues dudum conceptum obstare ac eciam uereris, cum de parte sis oppressa genitus, te frustra conari. Pone meliorem, queso, animi sentenciam et meliora consequere. Virtuti omnia subiecta sunt quoniam fucata demum et ea que dolo aguntur se ipsa aperiunt et luce clarius quia nociua patescunt. Contecta ueritas emergit, nec uinculis retinetur perpetuis; nuda est alisque firmata. Sic nostri eam descripsere. Agam tecum exemplis atque adeo uetustis. Camillus exilio quidem oneratus, cui nec iter patuit reuertendi in patriam, sed sua tum splendente uirtute cum patria sedes orbisque terrarum a Gallis euerteretur, adeo ut uix Capitolina superesset arx, imperium restituit Romanorum. Victis Gallis occisisque omnibus pacem peperit, suosque fecit ciues tranquillitate gaudere. Quid dicam de Tullio? Quamquam in exilium missus, magne existimacionis erat quando a ciuibus fuit patriaque reuocatus. Sed quid antiqua nimia commemoro cum in manibus sit et in promptu quod te uehemencius debeat animare, Iohannes Campini, conterraneus tuus, uir parue quantitatis, quondam certe pro nihilo habitus extremoque persecutus odio. Iam eum carum habent doctrinam in ipso inspicientes. Te hortor summa opera studium amplectare imprimis oratoris, non solum Latine sed uulgariter quoque; illud est quod homines nostro euo extollit teque cunctis ammirabilem reddit si quando exercitatus fueris.

Id uero usu uenerit dum necessariam iuris cognicionem non deseres. Nempe putant illi quidem, qui facundie disciplinam complexi, absolutam esse oratoriam, non posse absque iuris preceptione, ac rursus ciuilis sciencie magnam partem artificialem fore eloquenciam, que, si perpendes, haud dubito quin clarus eris, et publica munera honestatem pre se ferencia ciuitas prestiterit. Vale et fac ad me uenias.

Certat mendaciis de amore

Vidi epistolam tuam quam ad me scripseris. Cognoui abditas quasdam quibus me afficis subsannaciones, et ut quondam me persecutus es derisione, si quam habere unquam potuisti causam dirigentem, aiis de

8 eum: enim K   11 sed: si KM

amica mea quasi illis ac huiuscemodi rebus fuissem applicatus. Reor te ioco ista fari; ut enim in omnibus fere soles rebus et facecias adiungere et salem uerborum, quasi hec quoque natura ipsa insita sint tibique ingenerata, ut plerumque de mulieribus loqueris atque de his que ad Venerem proxime accedunt. Nihilominus si alius, cuius tanta usus non essem familiaritate, hoc modo me alloqueretur, non ut a te, sic et ab eo in melius resoluerem. Sed nimirum uerba hec aperiunt ea quibus in rebus et nunc et ab ineunte etate uersatus es. Cogis autem me litterarum officio attingere a quibus uita mea abhorret, neque absconditum tibi certe est quantum rem illam plerumque fugi saltem ne populus rescisceret, quod idcirco in lucem produco quia fidem mihi non adhibes.

Atque etiam unum est de quo uehementissime miror. Scribis iuuenem preterea me demisisse eam quam amarem respiceret. Longe deceptus es. Detulit septem florenos renenses, ac illis dedit qui quondam illiusmodi summam mihi crediderunt. Si ignoras, interroga illos quibus miseram. Accepit magister Busso, uir humanissimus mihique imprimis amicus, tres, serator Michael Closz quatuor, at suspectum me habes. Quis omni caret, queso, suspicione? Nullus unquam tam frugi fuit tantaque usus modestia quin fabule de eo sunt nonnunquam dissipate.

Sed ausculta paucis. Queris me retro fornacem; opinor te aliquando ignem perspexisse et ad calorem proxime accessisse. Illorum condicio est qui assidue student Philorcio adherere ut uerbis quibus ualeant ab eodem deterreant hos quidem ipsos quos pariter amarirentur.

20–21 humanissimus: humanitatis K

Neque tu, crede, omnis expers es suspicionis. Id efficit profecto ut licenciosius tecum loquar. Nunquam autem de amata tua hanc habui sollicitacionem quam tu de mea tametsi nulla mihi fuerit. Quid estimas, optime magister? Non efficimus id oppido quod cogitacione amplectereris quia loquebamur humaniter simul et amice. Nunquid et dignitas tua facit? Crebro etiam cum his et mulieribus et puellis quas nec unquam fama denigratas audisti, neque tibi imputo, homo iocundus, delectaris femineis oblectamentis, tum eo acrius cum seriis rebus fatigatus ad creacionem quandam ac hilaritatem te conferre cupis. Atque, hec cum ita sint, cur celata sermonis productione intro me arguis, si quidem austerum hunc dicunt mulieres specialemque, qui alienum sese facit ab omni facecia? Et, ut uerum fateor, is cunctis accepcior est hominibus qui ceteros salibus suis delectet alacritatemque potest circuicionibus et ambagibus afferre, quod forte uicium si debeat reputari, multopere dominacionem tuam reprehendam. Ambigo enim an quenpiam facile ad memoriam reduxero qui his rebus plus ac tu abundet.

Quo uero illa pergunt, animaduerte uel intentissima diligencia. Ab ea quidem tractacione fauorem comparauerim quarundam quas, ut arbitror, putas me amasse. Longe aliter quam tu ratus negocium se habet. Possis uerum audire. Id unum intuere, uidelicet, nunquam ad cor meum peruenisse. Porro, ut mea est existimacio, proba est, honesta tandem, et casta, nisi tu infamiam quandam concepisses cuius me fugit sciencia; neque tam credulus sum ut his assencior qui odio interdum et inimicitia commoti famam aliorum carpunt et quanque leticiam in peius resoluunt. Mortales illi sunt flagiciosissimi, animaduersioneque digni grauissima, plerisque ipsi coinquinati sunt uiciis. Temeritate uitas aliorum tentant labefactare.

Non commoueat reuerenciam, precor, tuam istorum oracio; equidem nulla causa sunt honesta inducti. Pocius aures claude et obdura non secus atque Vlixes ad Syrenum canciones. Pedestrem reputo credulum nulliusque esse reputacionis. Se ipsum fallit qui oblocutoribus fidem prestat. At cum homo sis grauis multa, uelut turba quadam preditus, prudencia, istas abs te propulsa detractiones haud aliter quam morbum contagiosum nociui aliquid inferentem. Detrahunt te audiente. Tibi quoque detrahere non desinit. Longe autem id magis est contra naturam quam mors, quam infirmitas, et alia que accidere possunt aut corpori aut rebus externis. Ex omni autem hominum genere nullum odibilius est quam quod integritatem predicat uite sue aliisque obloquitur.

Verum enimuero uerba mea iam prolata aliena putas ab omni quod simile est ueritati, et quasi ficta essent et ementita. Etiamsi nihil uerius dicere ualerem, loquar tecum de hac re ueluti omnino esset perpetrata. Placet quibusdam cauillacionibus et mendaciis certare eo adiuncto ne alicuius honeste uel matrone honor uel uirginis offendetur. Dicis me amasse. Esto, licet gradus sit sapiencie atque adeo primus non amare, proximus tamen huic ut cautus sit amor. Nullius inde fama obtenebretur. Non uicio prorsus dandum est. Agimus enim natura duce, que errores non complectitur. Ingeneratum puto omnibus animantibus appetitum habeant coniunctionis siquis saltem in ipsis uiget. Verum mores prohibent ne quis amet nisi quo pacto legibus sit institutisque firmatum. Quem dabis, obsecro, tam constantem Deumque uerentem, quem natura a moribus aliquando deuiare non faciat? Equidem ligneus esset et ferri haberet duriciem quem sui generis maxima

6 sis: sit KM   7 detractiones: detractores M

inclinacio ad amandum non excitaret. Quomodo humanum est cor aut carneum quod non amenitatem suscipit uisis faciebus prope angelicis? Et quid maius est? Melle dulciorem audimus ex ore ipsarum sermonem, maxime quoque quando morum decenciam probitatemque ac erga nos delectacionem earum ceu ignem urentem manifeste cognoscamus.

Ferus certe est et crudus qui non amat amatus. Hoc fecisse aiiunt Aristotelem, quem mulier calcaribus pupugit et ut beluam tractauit. Num hiis philosophus erat uiteque preceptor? Eadem ferunt de Virgilio, quem uulgus in turri pendentem uidit ac plane derisit. Quid Socrates, si uera sunt in apertum recitata, duas habuit uxores? Nihil aliud eundem compulit quam amor. Ceterum gentiles memorati sunt.

Reducamus oracionem nostram ad Hebreorum religionisque nostre uirorum exempla. Illa nota sunt tibique cognita. Deceptus enim Dauid pulchritudine Bersabee, regius propheta; deceptus Sampson maxima gaudens fortitudine; deceptus Salomon, quem omnis populus sapientissimum predicauit, cuius tot fuerunt et regine et concubine quot mihi non succurrunt. Intuere sagacius, num primus parens fraude astuciaque mulieris deceptus, qui manu Dei procul quouis peccato formatus? Mulieri autem consenciens uniuersam massam sobolis sue auream defedauit. Quid noster Iohannes Crisostomus uasta habitans desertaque et loca inaccessa aliis, cum femineam figuram conspicatus, succubuit humane fragilitati, mulierem cognouit, ac nouissime, quod detestabilius erat, in specus deiecit necique tradere putauit. Abundat omnis scriptura huiuscemodi exemplis. Hec deprompta hactenus de prauis mulieribus et his quoque uiris qui amore inflammati defraudati sunt.

Quodsi ex litterarum monumentis repetere uoluerimus quid honeste mulieres boni attulerunt, nimis longa fieret oracio et tedium generaret. Id saltem breui uerbo comprehendo ab ipsis nobis omnia bona euenisse, proinde quam plurimos amauisse sapientes uiros, quorum etiam uirtus ad celum usque omnis etas extulit, quo in numero Boecius est, Tullius eloquentissimus, aliorumque philosophorum ingens turba, magnaque concio. Et, nisi utilitatis id quidem unum aliquid pre se ferret, nunquam uiri tam splendidis ingeniis candentique racione amplexum feminarum aggressi fuissent. Tum ecclesia figuratum ueteris testamenti matrimonium sacramentum esse confirmauit, qua coniunctione ciuitates construuntur, omnis respublica incrementum suscipit et conseruatur quoque, subinde summa crescit inter ignotos homines amicicia. Tam magnam enim habet oportunitatem ad maximas res coniunctionis confirmacio, qua direpta omnis diripietur uite gratulacio.

Existimas forte illicite et preterquam decet attentauisse quandoquidem matrimonio collum non subieci; sic est. At quis semper religiose que operatur? Profecto is ego non sum. Profiteor racionis mee defectum. Etiamsi palam loquar, non edicere possem quociens in die caderem ac peccarem. Scio debilitatem magnam natura mihi ingenitam. Verum non solus sum; plures inueniuntur illo contagio tacti. Neque maximum peccatum est naturalibus si meciamur uiciorum prauitatem interdum, uti damnabilius est detractionis munus bonis noxios inuidere.

Hec enim nunc ad te scribere placuit ne forsitan putares me sic allocutum in uincula coniectum. Scriberem

26 tacti: *scripsi*; tactu KM

reuera quibus lasciuiis te pollutum quam plurimi predicant, sed breuitatis causa, ac eciam, ne nimium dominacionem tuam offenderem, illa obmitto. Tu dabis ueniam tam late me tamque profuse scripsisse. Sic enim me scribere uoluisti. Vale.

INDICES

INDEX NOMINVM

INDEX RERVM

INDEX VERBORVM

INDEX NOMINVM

INDEX RERVM

INDEX VERBORVM